Glücklich sind die Menschen, wenn sie haben, was gut für sie ist.

Platon

Inhalt

Rezeptinfos

**SmartPoints Wert
pro Person / Glas / Stück**

Fertig in
Hier sind alle Vorbereitungsschritte, Marinier-, Gar- und Backzeiten eingerechnet.

Davon aktiv
Diese Zeitangabe sagt dir, wie lange du wirklich mit Schnippeln und Rühren beschäftigt bist.

 vegetarisch

 vegan

 glutenfrei

 laktosefrei

 nussfrei

So geht's
QR-Code scannen und Einkaufslisten entdecken.

Teile Wellness mit deiner Welt.

Ganz gleich, ob es um bessere Ernährung, mehr Bewegung, dein Wohlbefinden oder Abnahme geht – WW steht für Wellness und einen gesünderen Lebensstil.

Wellness that Works.™

Abwechslung fürs Büro und unterwegs

Im Alltagstrubel bleibt oft wenig Zeit, sich um ausgewogene Ernährung Gedanken zu machen. Dabei ist es mit ein wenig Planung und Vorbereitung gar nicht schwer, unterwegs und im Büro jederzeit eine leckere und gesunde Alternative parat zu haben.

Smarte Planung für zu Hause spart dir viel Zeit:

- Selbst kochen ist besser für dein Punkte Budget. Und du kannst deine Menge an Gemüse frei wählen und an die jeweilige Saison anpassen.

- Die meisten Rezepte sind schnell und einfach zubereitet.

- Du bist bestens vorbereitet, wenn der Hunger kommt und hast ein leichtes und gesundes Gericht parat.

- Nutze die Möglichkeit zum Einfrieren, so kannst du ganz leicht einen Vorrat schneller Gerichte fürs Mittagessen anlegen.

- Überlege wie deine nächste Woche aussieht und an welchen Tagen du ein Mittagessen brauchst bzw. mitnehmen möchtest.

- Plane dir Zeit ein (z. B. am Sonntag) und bereite alles für die nächste Woche vor. Du kannst z. B. eine größere Portion kochen oder Salat für mehrere Tage einschichten.

In diesem Buch findest du Rezeptideen für alle Fälle, mehr als die Hälfte der Gerichte sind in 30 Minuten fertig zubereitet. So kannst du ohne großen Zeitaufwand deinen Lunch vorbereiten und deine Pause entspannt genießen.

Kalt & köstlich

Geflügel-Schichtsalat

Für 1 Person   **Fertig in 20 Min.**   **Davon aktiv 20 Min.**

150 g Hähnchenbrustfilet
1 TL Rapsöl
Salz, Pfeffer
1/2 TL Paprikapulver
1/2 Römersalatherz
1 kleine rote Paprika
2 EL Salatcreme, bis 10 % Fett
1 EL Ketchup
einige Tropfen Zitronensaft
1 Prise Zucker
1 TL gehackter Dill
3 EL Mais (Konserve)

1 Hähnchenbrustfilet abspülen, trocken tupfen und in Streifen schneiden. Öl in einer Pfanne auf hoher Stufe erhitzen und Hähnchenbruststreifen darin ca. 5 Minuten rundherum braten. Mit Salz, Pfeffer und Paprikapulver würzen und ca. 5 Minuten abkühlen lassen.

2 Salat waschen, trocken schleudern und in Streifen schneiden. Paprika waschen, entkernen und in Würfel schneiden. Für die Sauce Salatcreme mit Ketchup und Zitronensaft verrühren. Mit Salz und Pfeffer würzen und mit Zucker und Dill verfeinern. Mais abtropfen lassen.

3 Hähnchenbruststreifen, Mais, Paprikawürfel und Salatstreifen abwechselnd in ein Glas (ca. 700 ml Inhalt) schichten. Sauce daraufgeben, Glas verschließen und mitnehmen.

4 **SmartPoints Wert**   1793 kJ | 429 kcal

Nudelsalat mit Thunfisch und Joghurtdressing

Für 1 Person   Fertig in 15 Min.   Davon aktiv 10 Min.

60 g trockene Mini-Farfalle
Salz, Pfeffer
1 Tomate
1/4 Salatgurke
1 Dose Thunfisch im eigenen Saft
(150 g Abtropfgewicht)
4 EL Mais (Konserve)
1 TL Kapern
100 g Magermilchjoghurt
1 TL gehackter Thymian
1 TL getrockneter Oregano
2 TL Zitronensaft

1 Nudeln nach Packungsanweisung in Salzwasser garen. Tomate mit Gurke waschen und würfeln. Thunfisch mit Mais abtropfen lassen. Kapern hacken.

2 Für das Dressing Joghurt mit Thymian, Oregano, Kapern, Zitronensaft, Salz und Pfeffer verrühren. Nudeln abgießen, abschrecken und mit Thunfisch, Mais, Gurken- und Tomatenwürfeln mischen. Dressing unterheben, mit Salz und Pfeffer abschmecken und Nudelsalat servieren.

6 **SmartPoints Wert**   2283 kJ | 546 kcal

Nudeln ohne Gluten

Für alle, die auf Gluten verzichten müssen oder möchten, gibt es Alternativen wie Maismehlnudeln oder Nudeln aus Hülsenfrüchten.

Kartoffelsalat mit Tofu-Gemüse-Frikadellen

Für 2 Personen   Fertig in 45 Min.   Davon aktiv 35 Min.

500 g festkochende Kartoffeln
Salz, Pfeffer
75 g Tofu
1 Zwiebel
150 g Petersilienwurzeln
1 kleine Zucchini (150 g)
2 EL Paniermehl
1 Ei (Größe M)
1 Msp. Chilipulver
1/2 TL Paprikapulver
2 TL Rapsöl
1 EL Weißweinessig
1 EL Gurkensud
1 TL Senf
3 EL Gemüsebrühe
(1/4 TL Instantpulver)
2 Gewürzgurken
1 süßlicher Apfel (z. B. Gala Royal)

1 Kartoffeln waschen und in Salzwasser ca. 20 Minuten garen. Tofu zerbröseln. Zwiebel und Petersilienwurzeln schälen. Zucchini waschen, mit Petersilienwurzeln und Zwiebel raspeln, in ein Küchentuch geben und überschüssige Flüssigkeit ausdrücken. Gemüseraspel mit Tofubröseln vermischen, mit Paniermehl, Ei, Chili-, Paprikapulver, Salz und Pfeffer verkneten und zu 6 kleinen Frikadellen formen.

2 Kartoffeln abgießen, pellen, in Scheiben schneiden und ca. 10 Minuten abkühlen lassen. Für das Dressing 1 TL Öl mit Essig, Gurkensud, Senf, Brühe, Salz und Pfeffer verrühren. Gewürzgurken würfeln. Apfel waschen, vierteln, entkernen, in Scheiben schneiden und mit Kartoffelscheiben, Gewürzgurkenwürfeln und Dressing vermischen.

3 Restliches Öl in einer Pfanne auf mittlerer Stufe erhitzen und Tofu-Gemüse-Frikadellen darin 7–8 Minuten von jeder Seite braten. Kartoffelsalat mit Salz und Pfeffer abschmecken und mit Tofu-Gemüse-Frikadellen servieren.

8 **SmartPoints Wert**   1971 kJ | 471 kcal

Knusper-Obstsalat mit Granatapfelkernen

Für 2 Personen   Fertig in 20 Min.   Davon aktiv 20 Min.

1 süßlicher Apfel (z. B. Gala)
100 g rote Weintrauben
1/4 Cantaloupemelone
1 kleine Orange
1/2 Granatapfel
30 g Walnüsse

1 Apfel und Trauben waschen. Apfel vierteln, entkernen und in Würfel schneiden. Trauben halbieren. Melone entkernen und Fruchtfleisch würfeln. Orange auspressen. Granatapfel vierteln und Kerne herauslösen.

2 Walnüsse hacken. Apfel-, Melonenwürfel und Traubenhälften mit Orangensaft und Walnüssen vermischen. Knusper-Obstsalat mit Granatapfelkernen bestreut servieren.

3 **SmartPoints Wert**   1213 kJ | 290 kcal

Orientalischer Quinoasalat

Für 2 Personen   Fertig in 40 Min.   Davon aktiv 15 Min.

140 g trockene Quinoa
Salz, Pfeffer
1 rote Zwiebel
je 1 grüne und gelbe Paprika
1/2 Granatapfel
1 TL Olivenöl
2 EL Himbeeressig
20 g Rosinen
1/2 TL Kreuzkümmel
1/2 TL Kurkuma

1 Quinoa nach Packungsanweisung in Salzwasser garen und abkühlen lassen. Zwiebel schälen, Paprika waschen und beides fein würfeln. Granatapfel vierteln und Kerne herauslösen.

2 Für das Dressing Öl mit Essig, Salz und Pfeffer verrühren. Mit Quinoa, Zwiebel-, Paprikawürfeln, Rosinen und Granatapfelkernen vermengen. Quinoasalat mit Kreuzkümmel und Kurkuma abschmecken und servieren.

9 **SmartPoints Wert**   1696 kJ | 405 kcal

Spitzkohlsalat mit Putenspießen und Joghurtdressing

Für 2 Personen   **Fertig in 30 Min.**   **Davon aktiv 15 Min.**

1 kleiner Spitzkohl (ca. 400 g)
2 kleine Karotten
Salz, Pfeffer
1 Zwiebel
2 TL Olivenöl
1 TL Zitronensaft
1 TL Paprikapulver
300 g Putenbrustfilet
150 g Magermilchjoghurt
1 EL Kräuteressig
1 EL Schnittlauchringe

1 Spitzkohl putzen, vierteln, den Strunk entfernen und Spitzkohl in feine Streifen hobeln. Karotten schälen, raspeln, mit Kohlstreifen und 1 TL Salz vermischen und ca. 20 Minuten ziehen lassen.

2 Für die Marinade Zwiebel schälen, fein hacken und mit 1 TL Öl, Zitronensaft, Paprikapulver, Salz und Pfeffer verrühren. Putenbrustfilet abspülen, trocken tupfen und in Würfel schneiden. Putenbrustwürfel mit Marinade in einen Gefrierbeutel geben, gut verkneten und im Kühlschrank ca. 10 Minuten marinieren.

3 Putenbrustwürfel auf 2 Spieße stecken. Restliches Öl in einer Pfanne auf hoher Stufe erhitzen und Putenspieße darin 10–12 Minuten rundherum braten. Für das Dressing Joghurt mit Essig und Schnittlauch verrühren und mit Salz und Pfeffer abschmecken. Spitzkohlsalat mit Dressing vermischen, mit Salz und Pfeffer abschmecken und mit Putenspießen servieren.

2 **SmartPoints Wert**   1376 kJ | 329 kcal

Kennst du Spitzkohl?

Spitzkohl ist eine besondere, kegelförmige Art des Weißkohls. Im Gegensatz zum runden Weißkohl sind die Blätter zarter und vor allem roh bekömmlicher als Weißkohl, eignen sich also besonders gut für Salate. Das regionale Freilandangebot ist in den Monaten Juni bis November sehr groß.

Eichblattsalat mit Heidelbeeren und Mozzarella

Für 2 Personen   Fertig in 15 Min.   Davon aktiv 10 Min.

1 Zwiebel
1 TL Olivenöl
75 g magere Schinkenwürfel
100 ml Gemüsebrühe
(1/2 TL Instantpulver)
3 EL Rotweinessig
1 TL Senf
Salz, Pfeffer
200 g Heidelbeeren
1 kleiner Eichblattsalat
1 Kugel fettreduzierter Mozzarella
2 TL Sonnenblumenkerne

1 Zwiebel schälen und in feine Würfel schneiden. Für das Dressing Öl in einer Pfanne auf hoher Stufe erhitzen, Zwiebel- und Schinkenwürfel darin ca. 2 Minuten braten und mit Brühe ablöschen. Essig und Senf dazugeben, mit Salz und Pfeffer würzen, ca. 3 Minuten köcheln und ca. 5 Minuten abkühlen lassen.

2 Heidelbeeren waschen und trocken tupfen. Salat waschen, trocken schleudern und in mundgerechte Stücke zerteilen. Mozzarella trocken tupfen und zerrupfen. Sonnenblumenkerne fettfrei in einer Pfanne auf mittlerer Stufe 2–3 Minuten rösten. Salat mit Dressing und Heidelbeeren vermischen und Mozzarella daraufgeben. Eichblattsalat mit gerösteten Sonnenblumenkernen bestreut servieren.

5 **SmartPoints Wert**   1136 kJ | 272 kcal

Ofenkartoffel-Schinken-Salat mit Tomaten

Für 4 Personen   Fertig in 60 Min.   Davon aktiv 20 Min.

1 kg festkochende Kartoffeln
2 rote Zwiebeln
6 TL Olivenöl
1 TL getrockneter Thymian
Salz, Pfeffer
100 g Parmaschinken
8 getrocknete Tomaten ohne Öl
150 ml heiße Gemüsebrühe
(1/2 TL Instantpulver)
500 g Cocktailtomaten
2 Radicchio
4 EL Tomatenmark
2 EL Weißweinessig

1 Backofen auf 200°C (Gas: Stufe 3, Umluft: 180°C) vorheizen. Kartoffeln schälen und in Scheiben schneiden. Zwiebeln schälen und würfeln. 4 TL Öl mit Thymian und etwas Salz verrühren, mit Kartoffelscheiben und Zwiebelwürfeln mischen, auf einem mit Backpapier ausgelegten Backblech verteilen und im Backofen auf mittlerer Schiene ca. 30 Minuten backen.

2 Schinken in Stücke zupfen und ca. 10 Minuten vor Ende der Garzeit auf den Kartoffelscheiben verteilen. Getrocknete Tomaten in Streifen schneiden und ca. 10 Minuten in Brühe einweichen. Cocktailtomaten waschen und halbieren. Radicchio waschen, trockenschleudern und in breite Streifen schneiden.

3 Eingeweichte Tomaten abtropfen lassen, dabei die Brühe auffangen. Tomatenmark mit 6 EL der Brühe, Essig und restlichem Öl verrühren. Ofenkartoffeln und Schinken ca. 10 Minuten abkühlen lassen. Radicchiostreifen, Cocktailtomatenhälften und Tomatenstreifen mit Dressing mischen und in Gläser füllen. Kartoffelscheiben mit Schinken darauf anrichten, mit einem Deckel verschließen und mitnehmen.

9 **SmartPoints Wert**   1692 kJ | 405 kcal

Glasnudelsalat mit Limettendressing

Für 4 Personen   Fertig in 20 Min.   Davon aktiv 10 Min.

200 g trockene Glasnudeln
2 TL Sesamöl
300 g Tatar
Salz, Pfeffer
5 EL Sojasauce
2 TL Sambal Oelek
1/2 unbehandelte Limette
1 Stück Ingwer (ca. 1 cm)
1 Bund Frühlingszwiebeln
2 rote Paprika
je 1 gelbe und grüne Paprika
1 EL Reisessig, 1/2 TL Fischsauce
1 Msp. Chilipulver
1 EL gehackte Minze

1 Glasnudeln nach Packungsanweisung zubereiten, abgießen und abkühlen lassen. 1 TL Öl in einer Pfanne erhitzen und Tatar darin anbraten. Mit Salz und Pfeffer würzen, mit 2 EL Sojasauce ablöschen, mit Sambal Oelek verrühren und abkühlen lassen.

2 1/2 TL Limettenschale abreiben und Limettenhälfte auspressen. Ingwer schälen und reiben. Frühlingszwiebeln in Ringe, Paprika in feine Streifen schneiden. Für das Dressing Limettensaft, -schale, Ingwer, Essig, Fischsauce, restliche Sojasauce, restliches Öl, Salz und Chilipulver verrühren. Alle Zutaten mit Dressing vermischen, abschmecken und mit Minze bestreut servieren.

7 **SmartPoints Wert**   1572 kJ | 376 kcal

Bulgursalat mit Schafskäse

Für 4 Personen   Fertig in 30 Min.   Davon aktiv 15 Min.

15 g Kürbiskerne
1/2 kleiner Blumenkohl
300 g Broccoli
100 g Avocadofruchtfleisch
1/4 Bund Minze
1 unbehandelte Zitrone
180 g trockener Bulgur
Salz, Pfeffer
100 g Schafskäse,
bis 25 % Fett i. Tr.
2 TL Olivenöl

1 Kürbiskerne fettfrei in einer Pfanne rösten. Blumenkohl mit Broccoli waschen und in Röschen teilen. Avocadofruchtfleisch würfeln. Minze waschen, trocken schütteln und hacken. 1 TL Zitronenschale abreiben und Zitrone auspressen.

2 Bulgur nach Packungsanweisung in Salzwasser garen, abgießen und auskühlen lassen. Broccoli- und Blumenkohlröschen in Salzwasser ca. 10 Minuten garen. Alle Salatzutaten mischen und Schafskäse darüberbröseln. Mit Zitronensaft und Öl beträufeln, abschmecken und mit Zitronenschale bestreut servieren.

9 **SmartPoints Wert**   1463 kJ | 350 kcal

Steak-Avocado-Salat

Für 1 Person   Fertig in 20 Min.   Davon aktiv 20 Min.

70 g Kopfsalat
1 kleine rote Zwiebel
1 kleine Salatgurke
50 g Cocktailtomaten
30 g Avocadofruchtfleisch
100 g Rindersteak
1 TL Rapsöl
Salz, Pfeffer
2 EL Wasser
2 TL Limettensaft
2 TL Orangensaft
1 TL Honig
1 TL Senf
1 TL gehackter Koriander

1 Salat waschen, trocken schleudern und in mundgerechte Stücke zerteilen. Zwiebel schälen und in feine Streifen schneiden. Gurke waschen und in Scheiben schneiden. Tomaten waschen und halbieren. Avocadofruchtfleisch in Scheiben schneiden.

2 Steak trocken tupfen. Öl in einer Pfanne auf hoher Stufe erhitzen, Steak darin ca. 3 Minuten von jeder Seite braten, mit Salz und Pfeffer würzen, herausnehmen, in Alufolie wickeln und ca. 5 Minuten ruhen lassen.

3 Für das Dressing Bratensatz mit Wasser ablöschen, Limetten- und Orangensaft dazugeben und mit Honig, Senf, Salz und Pfeffer verrühren. Dressing mit Salatzutaten mischen. Steak in dünne Streifen schneiden und auf dem Salat anrichten. Steak-Avocado-Salat mit Koriander bestreut servieren.

 **6 SmartPoints Wert**   1359 kJ | 325 kcal

Limettenhähnchen mit Paprika-Bulgur-Salat

Für 1 Person   Fertig in 35 Min.   Davon aktiv 30 Min.

1/2 unbehandelte Limette
1 Hähnchenbrustfilet (120 g)
Salz, Pfeffer
50 g trockener Bulgur
1 rote Paprika
1 TL Rapsöl
2 TL gehackter Oregano
1 EL dunkler Balsamicoessig

1 1 TL Limettenschale abreiben und Limettenhälfte auspressen. Hähnchenbrustfilet abspülen, trocken tupfen, mit Limettensaft, -schale, Salz und Pfeffer in einen Gefrierbeutel geben, gut verkneten und im Kühlschrank ca. 20 Minuten marinieren.

2 Bulgur nach Packungsanweisung in Salzwasser garen und ca. 10 Minuten abkühlen lassen. Paprika waschen, entkernen und in kleine Würfel schneiden. Öl in einer Pfanne auf mittlerer bis hoher Stufe erhitzen, Hähnchenbrustfilet darin 5–6 Minuten von jeder Seite braten und mit Salz und Pfeffer würzen.

3 Bulgur mit Paprikawürfeln, Oregano und Essig vermengen und mit Salz und Pfeffer abschmecken. Limettenhähnchen in Tranchen schneiden und mit Paprika-Bulgur-Salat servieren.

6 **SmartPoints Wert**   1769 kJ | 423 kcal

Kohlrabi-Paprika-Salat mit Petersiliendressing

Für 4 Personen   Fertig in 25 Min.   Davon aktiv 20 Min.

1 Bund Petersilie
1/2 unbehandelte Limette
100 ml Gemüsebrühe
(1/2 TL Instantpulver)
Salz, Pfeffer
2 große Kohlrabi
2 gelbe Paprika
400 g Schweineschnitzel
1 TL Rapsöl
1 TL Currypulver

1 Petersilie waschen, trocken schütteln und grob hacken. Für das Dressing 1/2 TL Limettenschale abreiben und Limetten-hälfte auspressen. Limettenschale und -saft mit Brühe, Peter-silie, Salz und Pfeffer pürieren.

2 Kohlrabi schälen und in feine Stifte schneiden. Paprika wa-schen, entkernen und in feine Streifen schneiden. Schnitzel trocken tupfen und in Streifen schneiden. Öl in einer Pfanne auf hoher Stufe erhitzen, Schnitzelstreifen darin 4–5 Minuten rundherum braten und mit Salz, Pfeffer und Currypulver würzen.

3 Kohlrabistifte mit Paprikastreifen und Dressing vermischen, Schnitzelstreifen darauf anrichten und Kohlrabi-Paprika-Salat servieren.

2 **SmartPoints Wert**   951 kJ | 227 kcal

Zum „Durchdrehen"
Kohlrabistifte sind mit dem WW spiralizer superleicht und schnell zubereitet. Erhältlich im WW Studio und auf weightwatchers-shop.de.

Orientalischer Curry-Bulgursalat

Für 1 Person   Fertig in 35 Min.   Davon aktiv 20 Min.

150 ml Gemüsebrühe
(1/2 TL Instantpulver)
50 g trockener Bulgur
1 Karotte
1 kleine Zucchini
1 rote Zwiebel
2 TL Rosinen
50 g fettarmer Kefir
1 TL gelbe Curry-Würzpaste
Salz, Pfeffer
1 Prise Zucker
1 EL gehacktes Basilikum

1 Brühe aufkochen, Bulgur zufügen und ca. 10 Minuten quellen lassen. Bulgur ca. 10 Minuten abkühlen lassen. Karotte schälen, Zucchini waschen und beides raspeln oder in feine Streifen schneiden. Zwiebel schälen und würfeln. Gemüse mit Bulgur und Rosinen mischen.

2 Kefir mit Currypaste verrühren, mit Salz und Pfeffer würzen und mit Zucker verfeinern. Basilikum unterrühren. Salat in ein Glas (ca. 580 ml Inhalt) füllen, Dressing darübergeben, Glas mit einem Deckel verschließen und mitnehmen.

8 **SmartPoints Wert**   1334 kJ | 391 kcal

Blumenkohl-Broccoli-Salat

Für 2 Personen   Fertig in 30 Min.   Davon aktiv 15 Min.

400 g Blumenkohl
200 g Broccoli
Salz, Pfeffer
1/2 Bund Schnittlauch
2 TL Rapsöl
500 g Tatar
1/2 Orange
1 TL Senf
1 TL Honig

1 Blumenkohl mit Broccoli waschen, in Röschen teilen, in Salzwasser ca. 5 Minuten vorgaren und abgießen. Schnittlauch waschen, trocken schütteln und in Ringe schneiden.

2 1 TL Öl in einer Pfanne erhitzen und Tatar darin krümelig anbraten. Mit Salz und Pfeffer würzen, mit Blumenkohl- und Broccoliröschen vermengen und abkühlen lassen.

3 Für das Dressing Orangenhälfte auspressen, mit restlichem Öl, Senf, Schnittlauch und Honig verrühren und würzen. Blumenkohl-Broccoli-Salat mit Dressing beträufeln und servieren.

6 **SmartPoints Wert** 1820 kJ | 435 kcal

Eiersalat mit grünen Bohnen

Für 4 Personen **Fertig in 30 Min.** **Davon aktiv 15 Min.**

8 Eier (Größe M)
600 g grüne Bohnen
Salz, Pfeffer
200 g Schafskäse, 25 % Fett i. Tr.
8 Tomaten
1 Salatgurke
2 EL Weißweinessig
1 EL mittelscharfer Senf
4 TL Rapsöl
1 Bund Schnittlauch

1 Eier in kochendem Wasser 8–10 Minuten hart kochen, abschrecken, pellen und ca. 10 Minuten abkühlen lassen. Bohnen waschen, halbieren, in Salzwasser ca. 8 Minuten garen und ca. 10 Minuten abkühlen lassen. Schafskäse in Würfel schneiden. Tomaten und Gurke waschen. Tomaten in Spalten und Gurke in Stifte schneiden.

2 Essig mit Senf und Öl verrühren und mit Salz und Pfeffer würzen. Eier in Scheiben schneiden und mit Schafskäsewürfeln, Gemüse und Dressing vermischen. Schnittlauch waschen, in Ringe schneiden und über den Salat streuen. Eiersalat servieren.

4 **SmartPoints Wert** 1716 kJ | 410 kcal

Asia-Salat mit Hähnchenstreifen

Für 2 Personen   **Fertig in 50 Min.**   **Davon aktiv 20 Min.**

2 Hähnchenbrustfilets (à 150 g)
1 kleine rote Chilischote
1 EL Sesamöl
2 EL Limettensaft
2 EL Sojasauce
1 Stück Ingwer (ca. 2 cm)
1 kleine Salatgurke
1 Mango
1 rote Zwiebel
1 EL Erdnüsse
1 EL gehackter Koriander

1 Hähnchenbrustfilets abspülen und trocken tupfen. Chilischote waschen, entkernen und in kleine Würfel schneiden. Für die Marinade Öl mit Chiliwürfeln und je 1 EL Limettensaft und Sojasauce verrühren. Marinade mit Hähnchenbrustfilets in einen Gefrierbeutel geben, gut verkneten und im Kühlschrank ca. 15 Minuten marinieren.

2 Ingwer schälen und reiben. Gurke waschen, längs halbieren und in Scheiben schneiden. Mango schälen, das Fruchtfleisch vom Stein schneiden und würfeln. Zwiebel schälen und in kleine Würfel schneiden. Erdnüsse fettfrei in einer Pfanne auf mittlerer Stufe 2–3 Minuten rösten und hacken.

3 Für das Dressing restlichen Limettensaft, Ingwer und restliche Sojasauce verrühren und mit Gurkenscheiben, Mango-, Zwiebelwürfeln, Erdnüssen und Koriander vermischen.

4 Hähnchenbrustfilets abtropfen lassen. Eine Pfanne auf mittlerer bis hoher Stufe erhitzen, Hähnchenbrustfilets darin ohne weitere Fettzugabe 5–8 Minuten von jeder Seite braten und in Streifen schneiden. Asia-Salat mit Hähnchenstreifen servieren.

4 **SmartPoints Wert**   1465 kJ | 350 kcal

Warmer Nudelsalat mit Schweinemedaillons

Für 4 Personen   Fertig in 30 Min.   Davon aktiv 20 Min.

40 g Cashewnüsse
1 große Karotte
1 große grüne Paprika
150 g Zuckererbsenschoten
1 Salatgurke
1/2 Bund Minze
1/4 Bund Koriander
450 g Schweinefilet
2 TL Sesamöl
220 g trockene Eiernudeln
Salz
1 TL Fischsauce
1 EL Limettensaft
2 TL süße Asia-Chilisauce

1 Cashewnüsse fettfrei in einer Pfanne auf mittlerer Stufe 2–3 Minuten rösten und hacken. Karotte schälen und in feine Stifte schneiden. Paprika waschen, entkernen und in feine Streifen schneiden. Zuckererbsenschoten waschen und diagonal halbieren. Gurke waschen, längs halbieren und in Scheiben schneiden. Minze mit Koriander waschen, trocken schütteln und hacken.

2 Schweinefilet trocken tupfen und in Medaillons schneiden. 1 TL Öl in einer Pfanne auf mittlerer bis hoher Stufe erhitzen und Schweinemedaillons darin ca. 2 Minuten von jeder Seite braten. Nudeln nach Packungsanweisung in Salzwasser garen, abgießen und in ca. 6 cm lange Stücke schneiden.

3 Schweinemedaillons in Scheiben schneiden, mit Nudeln, Karottenstiften, Paprikastreifen, Zuckererbsenschotenhälften, Gurkenscheiben und Kräutern mischen. Fischsauce mit restlichem Öl, Limettensaft und Asia-Chilisauce verrühren und über den Salat geben. Warmen Nudelsalat mit Schweinemedaillons servieren.

10 SmartPoints Wert   1959 kJ | 468 kcal

Lust auf Geflügel?

Du kannst auch mageres Hähnchenbrustfilet statt Schweinefilet nehmen. Dazu das Hähnchenbrustfilet in erhitztem Öl von jeder Seite 3–4 Minuten braten. Der SmartPoints Wert reduziert sich auf 9. Reste kannst du in einem luftdicht verschlossenen Behälter 1 Tag lang im Kühlschrank aufbewahren und kalt genießen.

Erdbeer-Spargel-Salat mit gebackenen Ziegenkäsetalern

Für 2 Personen   Fertig in 35 Min.   Davon aktiv 30 Min.

80 g Rucola
1 kleiner Chicorée
200 g Erdbeeren
250 g grüner Spargel
2 TL Olivenöl
4 Ziegenfrischkäsetaler,
45 % Fett i. Tr. (à 20 g)
1 TL Honig
1 TL Senf
4 EL Erdbeeressig
(ersatzweise Himbeeressig)
3 EL Wasser
Salz, Pfeffer

1 Rucola waschen und trocken schleudern. Chicorée waschen, halbieren, den Strunk entfernen und Chicorée in Streifen schneiden. Erdbeeren waschen, trocken tupfen und vierteln. Spargel waschen, das untere Drittel schälen und Spargel in Stücke schneiden.

2 Backofen auf 200°C (Gas: Stufe 3, Umluft: 180°C) vorheizen. 1 TL Öl in einer Pfanne auf mittlerer Stufe erhitzen, Spargel-stücke darin 6–8 Minuten braten und herausnehmen. Ziegen-käsetaler auf ein mit Backpapier ausgelegtes Backblech legen, mit Honig beträufeln und im Backofen auf oberster Schiene 4–5 Minuten backen.

3 Für das Dressing 50 g Erdbeerviertel mit Senf, Essig, Wasser und restlichem Öl pürieren und mit Salz und Pfeffer abschmecken. Rucola mit Chicoréestreifen, Spargelstücken und rest-lichen Erdbeervierteln vermischen und Ziegenkäsetaler darauf anrichten. Erdbeer-Spargel-Salat mit Dressing beträufelt servieren.

6 **SmartPoints Wert**   1016 kJ | 243 kcal

Fruchtiger Curry-Belugalinsen-Salat

Für 1 Person **Fertig in 45 Min.** **Davon aktiv 15 Min.**

70 g trockene Belugalinsen
1/2 Mango
2 Frühlingszwiebeln
1 Karotte
1 kleine rote Paprika
1 TL Olivenöl
1 EL Apfelessig
1/2 TL Senf
Salz, Pfeffer
1/2 TL Kreuzkümmel
1 TL Currypulver
1 TL Limettensaft
1 TL gehackter Koriander

1 Linsen nach Packungsanweisung in Wasser garen und ca. 10 Minuten abkühlen lassen. Mango schälen, das Fruchtfleisch vom Stein schneiden und würfeln. Frühlingszwiebeln waschen und in Ringe schneiden. Karotte schälen und raspeln. Paprika waschen, entkernen und fein würfeln.

2 Für das Dressing Öl mit Essig, Senf, Salz und Pfeffer verrühren. Linsen mit Paprika-, Mangowürfeln, Karottenraspeln, Frühlingszwiebelringen und Dressing vermischen. Salat mit Salz und Pfeffer würzen und mit Kreuzkümmel, Currypulver und Limettensaft verfeinern. Curry-Belugalinsen-Salat mit Koriander bestreut servieren.

1 **SmartPoints Wert** 1796 kJ | 429 kcal

Bento Box mit Lachs-Omelette-Röllchen

Für 1 Person   Fertig in 20 Min.   Davon aktiv 15 Min.

2 Eier (Größe M)
Salz, Pfeffer
1 EL gehackter Rosmarin
1 TL Olivenöl
1 TL Senf
2 Scheiben Räucherlachs
1 grüne Paprika
5 Baby-Karotten
5 Cocktailtomaten
3 EL saure Sahne
einige Tropfen Zitronensaft
1 EL gehackte Petersilie
1 TL gehackte Pistazienkerne

1 Eier mit Salz, Pfeffer und Rosmarin verquirlen. Öl in einer Pfanne auf mittlerer Stufe erhitzen, Eimasse hineingeben und mit Deckel ca. 5 Minuten stocken lassen.

2 Omelette leicht abkühlen lassen, mit Senf bestreichen, mit Räucherlachs belegen, eng aufrollen und in Scheiben schneiden.

3 Paprika waschen, entkernen und in Streifen schneiden. Karotten schälen. Tomaten waschen. Für den Dip saure Sahne mit Zitronensaft und Petersilie verrühren, mit Salz und Pfeffer würzen und mit Pistazien bestreuen. Lachs-Omelette-Röllchen mit Gemüsesticks und Dip servieren.

4 **SmartPoints Wert** 2752 kJ | 658 kcal

Bento – praktische Lunchboxen

Der Begriff Bento kommt aus dem Japanischen und bedeutet zum einen „Snack" und zum anderen „Transportbox", also die Bento Box. Moderne Bentoverpackungen haben verschiedene Fächer, in denen das Essen nach Belieben angeordnet werden kann. So sind Vielfalt und Abwechslung garantiert!

Paprikarührei mit Pumpernickel

Für 1 Person Fertig in 15 Min. Davon aktiv 15 Min.

1 grüne Paprika
2 Eier (Größe M)
Salz, Pfeffer
1 Prise geriebene Muskatnuss
1 TL Olivenöl
5 Radieschen
1 EL Frischkäse,
bis 1 % Fett absolut
1 TL Tomatenmark
1 Scheibe Pumpernickel
1 TL Schnittlauchringe

1 Paprika waschen, entkernen, in kleine Würfel schneiden und 2 EL Paprikawürfel zum Bestreuen beiseitestellen. Eier mit Salz, Pfeffer und Muskatnuss verquirlen.

2 Öl in einer Pfanne auf mittlerer Stufe erhitzen und Paprikawürfel darin 3–4 Minuten andünsten. Eimasse dazugeben und unter Rühren stocken lassen.

3 Radieschen waschen und in Scheiben schneiden. Frischkäse mit Tomatenmark verrühren und mit Salz und Pfeffer würzen. Pumpernickel damit bestreichen und mit restlichen Paprikawürfeln und Schnittlauch bestreuen. Paprikarührei mit Pumpernickel und Radieschenscheiben servieren.

5 **SmartPoints Wert** 1833 kJ | 438 kcal

Wraps mit Schafskäse-Rucola-Creme

Für 2 Personen   Fertig in 20 Min.   Davon aktiv 20 Min.

1 Handvoll Rucola
50 g Schafskäse, 25 % Fett i. Tr.
75 g Magerquark
1 TL Senf
1 TL Zitronensaft
Salz, Pfeffer
400 g Cocktailtomaten
2 große Tortilla-Wraps (à 70 g)

1 Rucola waschen, trocken schleudern und hacken. Schafskäse zerbröseln und mit Rucola, Quark, Senf und Zitronensaft verrühren. Creme mit Salz und Pfeffer abschmecken. Tomaten waschen und 6 Tomaten halbieren.

2 Tortilla-Wraps nach Packungsanweisung erwärmen. Mit Schafskäse-Rucola-Creme bestreichen, mit Tomatenhälften belegen und aufrollen. Wraps mit restlichen Tomaten servieren.

 **SmartPoints Wert**   1356 kJ | 324 kcal

Knäckebrot mit Tomaten-Gewürz-Butter

Für 4 Personen   Fertig in 10 Min.   Davon aktiv 10 Min.

1/2 Bund Basilikum
50 g Halbfettbutter
2 TL Tomatenmark
Salz, Pfeffer
1/4 TL geräuchertes Paprikapulver
1/2 TL Kreuzkümmel
1 Msp. abgeriebene unbehandelte Zitronenschale
4 Scheiben Knäckebrot

1 Basilikum waschen, trocken schütteln und hacken. Butter schaumig aufschlagen und mit Tomatenmark verrühren.

2 Butter mit Salz, Pfeffer, Paprikapulver und Kreuzkümmel würzen. Gehacktes Basilikum unterrühren und mit Zitronenschale verfeinern. Knäckebrot mit Tomaten-Gewürz-Butter bestreichen und servieren.

3 **SmartPoints Wert**   336 kJ | 87 kcal

Der Knusper-Kick

Knäckebrot wird kurz, aber sehr heiß gebacken. Dabei wird dem Brot sehr viel Wasser entzogen, es wird knusprig und sehr lange haltbar. Und wer hat es erfunden? Die Schweden, denn der Name leitet sich von den schwedischen Wörtern knäcka (knicken) und bröd (Brot) ab.

Roastbeefbrötchen mit Kresse

Für 1 Person   Fertig in 5 Min.   Davon aktiv 5 Min.

1 kleine Tomate
2 Blätter Kopfsalat
1/2 Beet Kresse
2 EL Frischkäse,
bis 5 % Fett absolut
Salz, Pfeffer
1 Laugenbrötchen
2 Scheiben Roastbeef

1 Tomate waschen und in Scheiben schneiden. Salat waschen und trocken schütteln. Kresse vom Beet schneiden. Frischkäse mit Kresse, Salz und Pfeffer verrühren.

2 Laugenbrötchen aufschneiden, mit Kressecreme bestreichen, untere Hälfte mit Salat, Roastbeef und Tomatenscheiben belegen, mit oberer Hälfte abdecken und Roastbeefbrötchen servieren.

7 **SmartPoints Wert**   1182 kJ | 283 kcal

Ciabatta mit Lachsschinkenrollen

Für 1 Person   Fertig in 10 Min.   Davon aktiv 10 Min.

1/4 Salatgurke
2 Blätter Kopfsalat
2 EL Kräuterfrischkäse,
bis 5 % Fett absolut
1 TL milder Senf
3 Scheiben Lachsschinken
1 Ciabattabrötchen

1 Gurke und Salat waschen. Gurke in feine Stifte schneiden, Salat trocken schütteln. Für die Creme Frischkäse mit Senf verrühren und 1 EL Creme dünn auf die Lachsschinkenscheiben streichen. Lachsschinkenscheiben mit Gurkenstiften belegen und aufrollen.

2 Brötchen aufschneiden und mit restlicher Frischkäse-Senf-Creme bestreichen. Untere Brötchenhälfte mit Salat und Lachsschinkenrollen belegen und mit oberer Brötchenhälfte abdecken. Ciabatta mit Lachsschinkenrollen servieren.

6   **SmartPoints Wert**   1078 kJ | 258 kcal

Erdbeer-Chia-Marmelade auf Brioche

Für 4 Personen   Fertig in 75 Min.   Davon aktiv 15 Min.

100 g Erdbeeren
1 EL Wasser
1 Vanilleschote
3 TL Chiasamen
2 TL Agavendicksaft
4 Scheiben Brioche

1 Erdbeeren waschen und trocken tupfen. Erdbeeren mit Wasser in einem Topf auf mittlerer Stufe 6–8 Minuten dünsten und pürieren. Vanilleschote längs aufschneiden und das Mark herauskratzen.

2 Erdbeerpüree mit Vanillemark, Chiasamen und Agavendicksaft verrühren und im Kühlschrank ca. 60 Minuten quellen lassen. Brioche mit Erdbeer-Chia-Marmelade servieren.

7 **SmartPoints Wert**   830 kJ | 198 kcal

Info
Die Marmelade hält sich etwa 1 Woche im Kühlschrank.

Geflügelsandwich mit mediterranem Aufstrich

Für 4 Personen   Fertig in 30 Min.   Davon aktiv 20 Min.

1/2 grüne Paprika
1/2 Zucchini
1 EL Wasser
Salz, Pfeffer
2 TL gehackter Thymian
3 EL Magerquark
1 TL Zitronensaft
1 TL gehacktes Basilikum
160 g Geflügelbrustaufschnitt
8 Scheiben Pumpernickel

1 Paprika waschen und entkernen. Zucchini waschen, längs halbieren und mit Paprika in Würfel schneiden. Paprika- und Zucchiniwürfel in einer Pfanne auf mittlerer Stufe mit Wasser 8–10 Minuten dünsten. Gemüse mit Salz und Pfeffer würzen, mit Thymian verfeinern und abkühlen lassen.

2 Für den Aufstrich Gemüse mit Quark grob pürieren, mit Salz und Pfeffer würzen und mit Zitronensaft und Basilikum verfeinern.

3 Geflügelbrustaufschnitt jeweils zur Hälfte mit etwas Aufstrich bestreichen und zusammenklappen. Pumpernickel mit restlichem Aufstrich bestreichen, 4 Scheiben mit Aufschnitt belegen, mit restlichen Pumpernickelscheiben abdecken und Geflügelsandwich servieren.

7 **SmartPoints Wert**   1125 kJ | 269 kcal

Info
Der Aufstrich hält sich im Kühlschrank ca. 2 Tage.

Varianten gefällig?
Ersetze einfach Thymian und Basilikum durch 1 TL Kreuzkümmel und 1/2 TL Koriander, so bekommt der Aufstrich im Handumdrehen eine orientalische Note.

Saftiges Dinkelbrot mit Kräuter-Quark-Dip

Für 20 Scheiben   Fertig in 70 Min.   Davon aktiv 25 Min.

3 Karotten
1 EL Zitronensaft
1 Prise Zucker
400 g Dinkelvollkornmehl
350 ml Wasser
1 Päckchen Backpulver
1 EL Leinsamen
2 EL Sonnenblumenkerne
Salz, Pfeffer
200 g Magerquark
1 EL Schnittlauchringe
1 TL körniger Senf

1 Karotten schälen, raspeln, mit Zitronensaft und Zucker mischen und ca. 10 Minuten ziehen lassen.

2 Backofen auf 180°C (Gas: Stufe 2, Umluft: 160°C) vorheizen. Karottenraspel mit Mehl, Wasser, Backpulver, Leinsamen, Sonnenblumenkernen und 1 TL Salz verrühren.

3 Teig in eine mit Backpapier ausgelegte Kastenform (ca. 8 x 30 cm) geben und im Backofen auf mittlerer Schiene ca. 45 Minuten backen. Für den Dip Quark mit Schnittlauch und Senf verrühren und mit Salz und Pfeffer würzen. Saftiges Dinkelbrot mit Kräuter-Quark-Dip servieren.

2 **SmartPoints Wert**   373 kJ | 89 kcal

Brot auf Vorrat

Schneide das Brot nach dem Auskühlen in Scheiben und friere diese ein. So kannst du nach Bedarf einzelne Scheiben auftoasten und mitnehmen.

Lachstoasts mit Meerrettichcreme

Für 2 Personen   Fertig in 10 Min.   Davon aktiv 10 Min.

2 große Scheiben Mehrkorntoast
1/2 Salatgurke
4 EL Frischkäse,
bis 5 % Fett absolut
1 TL Tafelmeerrettich (Glas)
1 TL gehackter Dill
1 TL Honig
Salz, Pfeffer
4 Scheiben Räucherlachs

1 Toast rösten. Gurke waschen und in Scheiben schneiden. Frischkäse mit Meerrettich, Dill und Honig verrühren und mit Salz und Pfeffer abschmecken.

2 Toast mit Meerrettichcreme bestreichen, diagonal halbieren und mit einigen Gurkenscheiben und Räucherlachs belegen. Lachstoasts mit restlichen Gurkenscheiben servieren.

5 SmartPoints Wert   1485 kJ | 355 kcal

Käse-Pesto-Sandwich mit Tomaten

Für 4 Personen   Fertig in 30 Min.   Davon aktiv 15 Min.

50 g Rucola
1/2 Bund Basilikum
50 ml Gemüsebrühe
(1/4 TL Instantpulver)
2 EL Sonnenblumenkerne
80 g geriebener Gouda,
30 % Fett i. Tr.
Salz, Pfeffer
2 Tomaten
8 kleine Scheiben Vollkorntoast

1 Für das Pesto Rucola mit Basilikum waschen, trocken schütteln, mit Brühe und Sonnenblumenkernen pürieren, Käse untermischen und mit Salz und Pfeffer würzen. Tomaten waschen und in Scheiben schneiden.

2 Toast rösten, mit Pestocreme bestreichen, 4 Toastscheiben mit Tomatenscheiben belegen und mit restlichen Toastscheiben abdecken. Käse-Pesto-Sandwich servieren.

6 **SmartPoints Wert**   929 kJ | 222 kcal

Spiegeleischnitte

Für 1 Person   Fertig in 15 Min.   Davon aktiv 15 Min.

einige Blätter Kopfsalat
1 Gewürzgurke
150 g Cocktailtomaten
1 TL Rapsöl
1 Ei (Größe M)
Salz, Pfeffer
1 Scheibe Mehrkornbrot
1 EL Frischkäse,
bis 5 % Fett absolut

1 Salat waschen und trocken schleudern. Gewürzgurke längs in Scheiben schneiden. Tomaten waschen. Öl in einer Pfanne auf mittlerer Stufe erhitzen, Ei als Spiegelei darin braten und mit Salz und Pfeffer würzen.

2 Brotscheibe mit Frischkäse bestreichen und mit Salatblättern, Gewürzgurkenscheiben und Spiegelei belegen. Spiegeleischnitte mit Tomaten servieren.

5 **SmartPoints Wert**   1289 kJ | 308 kcal

Haselnuss-Kakao-Aufstrich mit Brioche

Für 4 Personen   Fertig in 15 Min.   Davon aktiv 10 Min.

10 g Haselnüsse
120 g Frischkäse,
bis 5 % Fett absolut
1 EL Kakaopulver
2 TL Agavendicksaft
4 Scheiben Brioche

1 Haselnüsse grob hacken und fettfrei in einer Pfanne auf mittlerer Stufe 2–3 Minuten rösten. Haselnüsse mit Frischkäse, Kakaopulver und Agavendicksaft pürieren. Brioche mit Haselnuss-Kakao-Aufstrich bestreichen und servieren.

9 **SmartPoints Wert**   955 kJ | 228 kcal

Info
Der Haselnuss-Kakao-Aufstrich hält sich 2–3 Tage im Kühlschrank, am besten in einem dicht verschlossenen Behälter.

Darf's ein bisschen Obst sein?
Für die Extraportion Obst pimpe dein Brot mit Bananenscheiben, Orangenfilets oder Mangospalten für 0 SmartPoints auf.

Roggenbrot mit Schinken-Gurken-Hüttenkäse

Für 4 Personen   **Fertig in 10 Min.**   **Davon aktiv 10 Min.**

1 Gewürzgurke
1 Scheibe gekochter Schinken
1 Frühlingszwiebel
150 g Hüttenkäse,
bis 5 % Fett absolut
1/2 TL Senf
Salz, Pfeffer
4 Scheiben Roggenbrot

1 Gewürzgurke mit Schinken in feine Würfel schneiden. Frühlingszwiebel waschen und in feine Ringe schneiden. Hüttenkäse mit Gurken-, Schinkenwürfeln, Frühlingszwiebelringen und Senf vermischen.

2 Schinken-Gurken-Hüttenkäse mit Salz und Pfeffer würzen, Roggenbrot damit bestreichen und servieren.

4 **SmartPoints Wert**   653 kJ | 156 kcal

Info
Der Schinken-Gurken-Hüttenkäse hält sich 1–2 Tage im Kühlschrank.

Avocado-Putenbrust-Bagel

Für 1 Person   Fertig in 15 Min.   Davon aktiv 15 Min.

**1 EL Frischkäse,
bis 5 % Fett absolut
2 TL körniger Senf
1 TL Honig
2 TL Schnittlauchringe
Salz, Pfeffer
1 große gelbe Paprika
1 Blatt Lollo bianco
30 g Avocadofruchtfleisch
1–2 TL Weißweinessig
3 EL Gemüsebrühe
(1/4 TL Instantpulver)
1 Mehrkornbagel
3 Scheiben Putenbrustaufschnitt**

1 Frischkäse mit 1 TL Senf, 1/2 TL Honig und 1 TL Schnittlauch verrühren und mit Salz und Pfeffer abschmecken. Paprika waschen, entkernen und in Streifen schneiden. Salat waschen und trocken schütteln. Avocadofruchtfleisch in Spalten schneiden.

2 Für das Dressing restlichen Senf, Honig und restliche Schnittlauchringe mit Essig und Brühe verrühren und mit Salz und Pfeffer abschmecken. Paprikastreifen mit dem Dressing vermischen und in eine Frischhaltedose geben.

3 Bagel halbieren, beide Hälften mit der Frischkäsecreme bestreichen und untere Hälfte mit Salat belegen. Putenbrust und Avocadospalten darauf verteilen und obere Bagelhälfte daraufsetzen. Avocado-Putenbrust-Bagel in Butterbrotpapier eingewickelt transportieren.

12 **SmartPoints Wert**   1971 kJ | 471 kcal

Pancakemuffins mit Banane

Für 12 Stück   Fertig in 30 Min.   Davon aktiv 10 Min.

4 Bananen
4 Eier (Größe M)
1 TL Backpulver
1 TL Zucker
130 g Skyr, Natur
1/2 TL Zimt

1 Backofen auf 180°C (Gas: Stufe 2, Umluft: 160°C) vorheizen. Bananen schälen. 3 Bananen mit Eiern, Backpulver, Zucker und Skyr pürieren und mit Zimt verfeinern. Restliche Banane in Würfel schneiden.

2 Teig in 12 Silikon-Muffinförmchen füllen und Bananenwürfel daraufgeben. Pancakemuffins im Backofen auf mittlerer Schiene ca. 20 Minuten backen und servieren.

0 **SmartPoints Wert**   349 kJ | 84 kcal

Kokosrisotto mit Mangosauce

Für 2 Personen   **Fertig in 25 Min.**   **Davon aktiv 10 Min.**

2 TL Kokosraspel
100 g trockener Risottoreis
2 EL fettreduzierte Kokosmilch
300 ml entrahmte Milch
1 Mango
1/2 unbehandelte Limette
2 TL Zucker

1 Kokosraspel fettfrei in einem Topf auf mittlerer Stufe 2–3 Minuten rösten. Reis dazugeben, mit Kokosmilch und Milch ablöschen, bis die Reiskörner knapp bedeckt sind und auf niedriger Stufe ca. 20 Minuten garen, dabei unter Rühren regelmäßig restliche Milch nachgießen.

2 Mango schälen, das Fruchtfleisch vom Stein schneiden und Mango pürieren. 1/2 TL Limettenschale abreiben und Limettenhälfte auspressen. Mangopüree mit Limettenschale und 1 TL Limettensaft verfeinern. Kokosrisotto mit Zucker verfeinern und mit Mangosauce garniert servieren.

10 **SmartPoints Wert**   1933 kJ | 462 kcal

Filoschnecken mit Ricotta-Kirsch-Füllung

Für 4 Stück **Fertig in 45 Min.** **Davon aktiv 20 Min.**

2 TL Halbfettmargarine
200 g Kirschen (TK)
160 g Ricotta
2 TL Zucker
1 EL unbehandelte Orangenschale
2 Blätter Filoteig
(Frischprodukt, à 25 g)
125 g fettreduzierter Kirsch-
joghurt (Fertigprodukt)

1 4 Mulden eines Muffinblechs mit 1 TL Margarine fetten. Kirschen auftauen lassen und grob hacken. Ricotta mit Zucker und Orangenschale verrühren. Backofen auf 200°C (Gas: Stufe 3, Umluft: 180°C) vorheizen.

2 Filoteigblätter vierteln, sodass 8 Stücke entstehen. Jeweils 2 Teigstücke übereinander legen und mit restlicher Margarine bestreichen. Ricottamasse an der langen Seite entlang verstreichen und mit Kirschen belegen. Teigstücke aufrollen, dabei die Ränder umklappen und zu einer Schnecke rollen.

3 Teigschnecken in die Muffinmulden legen und im Backofen auf mittlerer Schiene 15–20 Minuten backen. Filoschnecken mit Ricotta-Kirsch-Füllung mit Kirschjoghurt servieren.

6 **SmartPoints Wert** 768 kJ | 183 kcal

Zwetschgenknödel mit Zimttopping

Für 4 Personen   Fertig in 65 Min.   Davon aktiv 20 Min.

800 g mehligkochende Kartoffeln
200 g Zwetschgen
1 Vanilleschote
2 TL Honig
100 g Kartoffelstärke
40 g Zucker
1 Eigelb (Größe M)
1 Prise Salz
1 TL Zimt

1 Kartoffeln schälen, vierteln, in Wasser ca. 20 Minuten garen, abgießen, zerstampfen und ca. 10 Minuten abkühlen lassen.

2 Zwetschgen waschen, halbieren, Steine entfernen und Zwetschgen würfeln. Vanilleschote längs aufschneiden, das Mark herauskratzen und mit Zwetschgenwürfeln und Honig vermengen.

3 Kartoffelstampf mit Stärke, 1 TL Zucker, Eigelb und Salz verrühren und ca. 10 Minuten ruhen lassen. Aus dem Teig 12 Knödel formen, jeweils in die Mitte mit dem Daumen eine Mulde drücken, mit etwas Zwetschgenmischung füllen und Knödel verschließen.

4 Knödel in siedendem Wasser 10–12 Minuten gar ziehen lassen und mit einer Schaumkelle aus dem Wasser heben. Für das Topping Zimt mit restlichem Zucker vermischen. Zwetschgenknödel mit Zimttopping bestreut servieren.

 **SmartPoints Wert**   1312 kJ | 314 kcal

Heidelbeer-Eis-Lollies

Für 8 Stück   **Fertig in 10 Min.**   **Davon aktiv 10 Min.**

125 g Heidelbeeren
125 g fettarmer Joghurt
3 TL Agavendicksaft

1 Heidelbeeren waschen. Die Hälfte der Heidelbeeren mit 2 EL Joghurt pürieren und mit 1 TL Agavendicksaft verfeinern. Restliche Heidelbeeren mit restlichem Joghurt und Agavendicksaft verrühren.

2 Heidelbeerjoghurt mithilfe von zwei Teelöffeln in 8 lochfreie Mulden (Ø ca. 3 cm) einer Cakepop-Form geben. Die oberen Mulden der Cakepop-Form auflegen und gut verschließen. Heidelbeerpüree mit einem Spritzbeutel mit feiner Tülle vorsichtig durch die Löcher einfüllen. In die Löcher jeweils einen Lolly-Stick stecken und gefrieren lassen.

1 **SmartPoints Wert**   84 kJ | 20 kcal

Milchreis mit Erdbeerspiegel

Für 4 Personen   **Fertig in 30 Min.**   **Davon aktiv 5 Min.**

1 Vanilleschote
120 g trockener Milchreis
500 ml entrahmte Milch
2 TL Zucker
500 g Erdbeeren

1 Vanilleschote längs aufschneiden und das Mark herauskratzen. Milchreis nach Packungsanweisung in Milch garen und mit Vanillemark und Zucker verfeinern. Milchreis ca. 30 Minuten abkühlen lassen.

2 Erdbeeren waschen, trocken tupfen und pürieren. Milchreis in 4 Gläser (Inhalt ca. 200 ml) füllen, Erdbeerpüree daraufgeben, ca. 30 Minuten kalt stellen und servieren.

5 **SmartPoints Wert**   842 kJ | 201 kcal

Beerenjoghurt mit Granola

Für 1 Person   Fertig in 15 Min.   Davon aktiv 10 Min.

**1 TL kalorienreduzierte
Aprikosenkonfitüre
3 EL Basismüsli
100 g Erdbeeren
50 g Heidelbeeren
50 g Himbeeren
200 g Magermilchjoghurt
1 TL Honig**

1 Konfitüre erwärmen und mit Müsli verrühren. Eine Pfanne auf mittlerer Stufe erhitzen, Müslimischung darin 4–5 Minuten rösten, auf Backpapier verteilen und ca. 10 Minuten auskühlen lassen.

2 Beeren waschen und trocken tupfen. Erdbeeren mit Joghurt pürieren, Heidel- und Himbeeren unterrühren und mit Honig verfeinern. Müslimischung zerbröseln und Beerenjoghurt mit Granola bestreut servieren.

4 **SmartPoints Wert**   1202 kJ | 287 kcal

Transportiere Joghurt und Müslimischung am besten separat

Damit das Granola schön knusprig bleibt, transportiere es separat und gib es erst kurz vor dem Servieren auf den Joghurt. Es gibt tolle Joghurt-to-go oder Müsli-Transportverpackungen. In den unteren Teil kann Joghurt, Quark oder ähnliches eingefüllt werden und im oberen Teil werden Müsli, Toppings oder Obst transportiert. So bleibt alles bis zum Lunch appetitlich frisch!

Rhabarber-Apfel-Crumble

Für 4 Personen   Fertig in 50 Min.   Davon aktiv 15 Min.

1 Bund Rhabarber
2 süßliche Äpfel (z. B. Pink Lady)
1 EL Zucker
45 g zarte Haferflocken
40 g Vollkornmehl
2 EL Kokosraspel, 1 TL Zimt
1 EL Honig
4 EL Vanillesauce (Fertigsauce)

1 Backofen auf 180°C (Gas: Stufe 2, Umluft: 160°C) vorheizen. Rhabarber abziehen und in ca. 3 cm große Stücke schneiden. Äpfel waschen, vierteln, entkernen und in feine Spalten schneiden.

2 Eine ofenfeste Pfanne (Ø ca. 20 cm) auf mittlerer Stufe erhitzen und Rhabarberstücke mit Apfelspalten und Zucker darin unter gelegentlichem Rühren ca. 5 Minuten köcheln lassen.

3 Haferflocken mit Mehl, Kokosraspeln und Zimt verrühren, über die Rhabarbermischung geben und mit Honig beträufeln. Rhabarber-Apfel-Crumble im Backofen auf mittlerer Schiene 25–30 Minuten backen und mit Vanillesauce servieren.

6 SmartPoints Wert   677 kJ | 182 kcal

Crumble hat immer Saison

Rhabarber allerdings nicht, die sauren Stangen sind nur von April bis Ende Juni erhältlich. Botanisch gesehen handelt es sich bei Rhabarber um Gemüse, wird aber wie Obst z. B. als Kuchenbelag, für Kompott oder Crumble verwendet. Wenn die Saison vorbei ist, kannst du auch jedes andere Obst wie Äpfel, Birnen oder Erdbeeren verwenden.

Süßer Feigencouscous mit Mandelkrokant

Für 4 Personen   **Fertig in 30 Min.**   **Davon aktiv 20 Min.**

1 Orange
1/2 Zitrone
200 g trockener Couscous
30 g Mandeln
30 g Zucker
4 Feigen
1 Granatapfel

1 Orange und Zitronenhälfte auspressen. Orangensaft mit Wasser auf 250 ml auffüllen, mit Zitronensaft in einem Topf auf hoher Stufe aufkochen, Couscous einrühren, mit Deckel auf kleiner Stufe ca. 5 Minuten quellen und ca. 15 Minuten abkühlen lassen.

2 Mandeln hacken, fettfrei in einer Pfanne auf mittlerer Stufe 2–3 Minuten rösten und herausnehmen. Zucker in der Pfanne auf mittlerer Stufe karamellisieren lassen, Mandeln dazugeben und verrühren. Krokantmasse auf Backpapier streichen und ca. 10 Minuten auskühlen lassen.

3 Feigen waschen und würfeln. Granatapfel vierteln und Kerne herauslösen. Krokant grob hacken. Feigenwürfel mit Granatapfelkernen unter den Couscous heben und süßen Feigencouscous mit Mandelkrokant bestreut servieren.

8 **SmartPoints Wert**   1448 kJ | 346 kcal

Vanillepudding mit Heidelbeeren

Für 4 Personen   **Fertig in 15 Min.**   **Davon aktiv 10 Min.**

1 1/2 EL Maismehl
500 ml entrahmte Milch
1 EL Ahornsirup
1 Zimtstange
2 TL Vanillepaste
1/2 TL gemahlener Kardamom
125 g Heidelbeeren
1/2 TL Zimt

1 Mehl und Milch verrühren und mit Ahornsirup, Zimtstange, Vanillepaste und Kardamom mischen.

2 Milchmasse in einem Topf auf niedriger bis mittlerer Stufe erhitzen und unter ständigem Rühren 5–10 Minuten köcheln lassen, bis die Masse andickt.

3 Zimtstange entfernen und Pudding ca. 3 Minuten abkühlen lassen. Heidelbeeren waschen, trocken tupfen und unterrühren. Vanillepudding mit Zimt bestäuben und servieren.

3 **SmartPoints Wert**   395 kJ | 94 kcal

Ist noch Pudding übrig?
Dann kannst du ihn bis zu 2 Tage im Kühlschrank aufbewahren, in der Mikrowelle erwärmen oder kalt genießen.

Warm & wundervoll

Kartoffel-Linsen-Eintopf mit Würstchen

Für 4 Personen   Fertig in 45 Min.   Davon aktiv 20 Min.

400 g festkochende Kartoffeln
1 Zwiebel
400 g Karotten
1 Knollensellerie
2 Stangen Lauch
1/2 Bund Petersilie
1 TL Rapsöl
50 g magere Schinkenwürfel
1 Liter Gemüsebrühe
(4 1/2 TL Instantpulver)
2 Lorbeerblätter
Salz, Pfeffer
1/2 TL geriebene Muskatnuss
1 Dose Linsen
(265 g Abtropfgewicht)
4 Geflügelwürstchen

1 Kartoffeln, Zwiebel, Karotten und Sellerie schälen und in kleine Würfel schneiden. Lauch waschen und in Ringe schneiden. Petersilie waschen, trocken schütteln und hacken.

2 Öl in einem Topf auf mittlerer bis hoher Stufe erhitzen und Schinkenwürfel darin 2–3 Minuten anbraten. Zwiebel-, Karotten- und Selleriewürfel zufügen und ca. 5 Minuten mitbraten. Lauchringe dazugeben und mit Brühe ablöschen.

3 Lorbeerblätter und Kartoffelwürfel hinzufügen, mit Salz, Pfeffer und Muskatnuss würzen und auf mittlerer Stufe ca. 10 Minuten köcheln lassen.

4 Linsen abspülen und abtropfen lassen. Würstchen in Stücke schneiden, Linsen und die Hälfte der Petersilie dazugeben und weitere ca. 5 Minuten köcheln lassen. Kartoffel-Linsen-Eintopf mit restlicher Petersilie bestreut servieren.

6 **SmartPoints Wert**   1633 kJ | 390 kcal

Lunch to go
Du kannst die Suppe prima in der „Jar to go" Transportdose mitnehmen. Erhältlich im WW Studio und auf weightwatchers-shop.de.

Hühner-Nudel-Suppe

Für 1 Person **Fertig in 15 Min.** **Davon aktiv 15 Min.**

120 g Hähnchenbrustfilet
550 ml Gemüsebrühe
(2 TL Instantpulver)
300 g Gemüsemischung (TK)
40 g trockene Muschelnudeln
1 EL gehackte Petersilie
einige Tropfen Worcestersauce
Salz, Pfeffer

1 Hähnchenbrustfilet abspülen, trocken tupfen und in Würfel schneiden. Brühe aufkochen, Suppengemüse, Nudeln und Hähnchenbrustwürfel zugeben und zugedeckt ca. 10 Minuten garen.

2 Suppe mit Petersilie verfeinern und mit Worcestersauce, Salz und Pfeffer abschmecken. Hühner-Nudel-Suppe in einer fest schließenden Frischhaltedose transportieren, erwärmen und servieren.

4 **SmartPoints Wert** 1839 kJ | 440 kcal

Vegane Pastinakensuppe mit Granatapfelkernen

Für 1 Person   Fertig in 30 Min.   Davon aktiv 15 Min.

250 g Pastinaken
1 Zwiebel
1 TL Olivenöl
Salz, Pfeffer
1/2 TL Kurkuma
350 ml Gemüsebrühe
(1 1/2 TL Instantpulver)
2 TL Minzblätter
1 EL Granatapfelkerne

1 Pastinaken und Zwiebel schälen und würfeln. Öl in einem Topf auf mittlerer Stufe erhitzen und Pastinaken- mit Zwiebelwürfeln darin ca. 3 Minuten anbraten. Mit Salz, Pfeffer und Kurkuma würzen, mit Brühe ablöschen und mit Deckel ca. 12 Minuten köcheln lassen.

2 Suppe pürieren und mit Salz und Pfeffer abschmecken. Minze waschen und trocken tupfen. Pastinakensuppe mit Minze und Granatapfelkernen bestreut servieren.

1 **SmartPoints Wert**   989 kJ | 236 kcal

Wirsingeintopf mit Hackbällchen

Für 2 Personen   Fertig in 60 Min.   Davon aktiv 30 Min.

1 Zwiebel
1/2 Wirsing (ca. 500 g)
500 g mehligkochende Kartoffeln
2 Karotten
2 TL Rapsöl
1/2 TL gehackter Majoran
2 TL Senf
750 ml Gemüsebrühe
(3 1/2 TL Instantpulver)
350 g Tatar
3 EL Paniermehl
Salz, Pfeffer

1 Zwiebel schälen und fein würfeln. Wirsing putzen, vierteln, den Strunk entfernen und Wirsing in Streifen schneiden. Kartoffeln und Karotten schälen, Kartoffeln würfeln und Karotten in Scheiben schneiden.

2 Öl in einem Topf auf mittlerer Stufe erhitzen und die Hälfte der Zwiebelwürfel mit Wirsingstreifen darin ca. 3 Minuten anbraten. Kartoffelwürfel, Karottenscheiben, Majoran und 1 TL Senf zufügen. Eintopf mit Brühe ablöschen und mit Deckel 20–25 Minuten garen.

3 Tatar mit restlichen Zwiebelwürfeln, restlichem Senf und Paniermehl verkneten und mit Salz und Pfeffer würzen. Aus der Masse 10 kleine Bällchen formen. Eintopf mit Salz und Pfeffer abschmecken. Hackbällchen zum Eintopf geben und mit Deckel weitere 5–10 Minuten garen. Wirsingeintopf mit Hackbällchen servieren.

11 **SmartPoints Wert**   2534 kJ | 606 kcal

Schneller Borschtsch mit Lammfilet

Für 2 Personen   Fertig in 30 Min.   Davon aktiv 10 Min.

500 g festkochende Kartoffeln
1 Zwiebel
3 Karotten
500 ml Gemüsebrühe
(2 TL Instantpulver)
200 g Lammfilet
2 vorgegarte Rote Beten
(vakuumverpackt)
1 Stängel Dill
1 Stängel Petersilie
1 TL Rapsöl
Salz, Pfeffer
1 EL Rotweinessig
2 TL saure Sahne

1 Kartoffeln, Zwiebel und Karotten schälen. Kartoffeln und Zwiebel in Würfel schneiden. Karotten längs halbieren und in Scheiben schneiden. Kartoffel-, Zwiebelwürfel und Karottenscheiben in einem Topf mit Brühe auf mittlerer bis hoher Stufe mit Deckel 15–20 Minuten garen.

2 Lammfilet trocken tupfen und mit Rote Beten in Würfel schneiden. Dill und Petersilie waschen, trocken schütteln und hacken.

3 Öl in einer Pfanne auf hoher Stufe erhitzen, Lammfiletwürfel darin 3–4 Minuten rundherum anbraten, salzen, pfeffern und herausnehmen. Lammfilet- und Rote-Bete-Würfel zum Gemüse geben und kurz erwärmen.

4 Suppe mit Essig, Dill und Petersilie verfeinern und mit Salz und Pfeffer abschmecken. Borschtsch mit saurer Sahne garniert servieren.

8 **SmartPoints Wert**   1729 kJ | 413 kcal

Kartoffel-Lauch-Suppe mit Wacholderschinken

Für 2 Personen   Fertig in 30 Min.   Davon aktiv 15 Min.

1 Stange Lauch
1 Zwiebel
450 g mehligkochende Kartoffeln
1/2 Knollensellerie (ca. 200 g)
1 TL Olivenöl
1 TL Senf
700 ml Gemüsebrühe
(3 TL Instantpulver)
1 Lorbeerblatt
2 EL Schmand
2 Scheiben Wacholderschinken
1 EL Weißweinessig
Salz, Pfeffer

1 Lauch waschen und in Ringe schneiden. Zwiebel mit Kartoffeln und Sellerie schälen und in kleine Würfel schneiden.

2 Öl in einem Topf auf mittlerer Stufe erhitzen, Lauchringe darin 2–3 Minuten andünsten und herausnehmen. Zwiebel-, Kartoffel- und Selleriewürfel im Bratensatz mit Senf andünsten, mit Brühe ablöschen, Lorbeerblatt zufügen und Gemüsewürfel ca. 15 Minuten garen.

3 Lorbeerblatt entfernen und Suppe mit Schmand pürieren. Schinken würfeln und mit Lauchringen in der Suppe erwärmen. Kartoffel-Lauch-Suppe mit Essig verfeinern, mit Salz und Pfeffer abschmecken und servieren.

8 SmartPoints Wert   1375 kJ | 329 kcal

Zitronige Linsensuppe mit Koriander

Für 2 Personen   Fertig in 40 Min.   Davon aktiv 15 Min.

2 Karotten
150 g Knollensellerie
1 Zwiebel
1 Stück Ingwer (ca. 2 cm)
1 Stängel Zitronengras
1/2 unbehandelte Zitrone
3 EL Wasser
1 TL Currypulver
1/2 TL Kreuzkümmel
1/2 TL gemahlener Koriander
800 ml Gemüsebrühe
(4 TL Instantpulver)
120 g trockene gelbe Linsen
4 Stängel Koriander
4 EL Magermilchjoghurt
Salz, Pfeffer

1 Karotten mit Sellerie und Zwiebel schälen und würfeln. Ingwer schälen und reiben. Zitronengras waschen und längs halbieren. 1/2 TL Zitronenschale abreiben und 2 TL Zitronensaft auspressen.

2 Zwiebelwürfel mit Ingwer und Wasser in einem Topf auf hoher Stufe ca. 2 Minuten dünsten. Karotten- und Selleriewürfel dazugeben, ca. 2 Minuten mitdünsten und mit Currypulver, Kreuzkümmel und gemahlenem Koriander verfeinern. Mit Brühe ablöschen, Linsen und Zitronengras dazugeben und mit Deckel ca. 20 Minuten köcheln lassen.

3 Koriander waschen, trocken schütteln und hacken. Joghurt mit Zitronenschale, Salz und Pfeffer verrühren. Zitronengras aus der Suppe entfernen, Suppe pürieren, mit Zitronensaft verfeinern und mit Salz und Pfeffer abschmecken. Linsensuppe mit Joghurt garnieren und mit gehacktem Koriander bestreut servieren.

0 **SmartPoints Wert**   1241 kJ | 297 kcal

Würzige Kürbissuppe

Für 2 Personen **Fertig in 50 Min.** **Davon aktiv 25 Min.**

1 Gemüsezwiebel
2 rote Chilischoten
2 Knoblauchzehen
300 g Butternutkürbis
2 Karotten
1 TL Olivenöl
1,2 Liter Gemüsebrühe
(5 1/2 TL Instantpulver)
Salz, Pfeffer
1 Handvoll Koriander
1 Prise Chilipulver
25 g scharfe Tortillachips

1 Zwiebel schälen und würfeln. Chilischoten waschen, entkernen und hacken. Knoblauch pressen. Kürbis schälen, halbieren, Kerne mit einem Löffel entfernen und Kürbis würfeln. Karotten schälen und würfeln.

2 Öl in einem Topf auf mittlerer bis hoher Stufe erhitzen und Zwiebelwürfel darin 4–5 Minuten andünsten. Chili, Knoblauch, Kürbis- und Karottenwürfel zufügen und 4–5 Minuten mitdünsten.

3 Mit Brühe ablöschen, mit Salz und Pfeffer würzen und kurz aufkochen lassen. Kürbissuppe auf niedriger Stufe mit Deckel 20–25 Minuten köcheln lassen. Suppe kurz abkühlen lassen und pürieren.

4 Koriander waschen, trocken schütteln und grob hacken. Kürbissuppe mit Salz und Pfeffer abschmecken und mit Koriander und Chilipulver bestreuen. Tortillachips darüberbröseln und würzige Kürbissuppe servieren.

3 **SmartPoints Wert** 954 kJ | 228 kcal

Kartoffel-Fenchel-Eintopf mit Schinken

Für 2 Personen   Fertig in 50 Min.   Davon aktiv 20 Min.

1 Gemüsezwiebel

2 Fenchelknollen mit Grün

500 g mehligkochende Kartoffeln

1 TL Rapsöl

300 ml Gemüsebrühe

(1 1/2 TL Instantpulver)

200 g Erbsen (TK)

100 g magere Schinkenwürfel

Salz, Pfeffer

1 Zwiebel schälen, Fenchel waschen und beides in Streifen schneiden. Fenchelgrün hacken. Kartoffeln schälen und würfeln.

2 Öl in einem Topf erhitzen und Zwiebelstreifen darin ca. 5 Minuten andünsten. Fenchel und Kartoffeln zufügen, mit Brühe ablöschen und ca. 15 Minuten garen. Erbsen und Schinkenwürfel zugeben und ca. 10 Minuten mitgaren. Mit Salz und Pfeffer abschmecken und servieren.

7 **SmartPoints Wert**   1845 kJ | 441 kcal

Rote-Bete-Suppe mit Joghurttopping

Für 1 Person   **Fertig in 15 Min.**   **Davon aktiv 5 Min.**

1 Zwiebel
3 Rote Beten (vakuumverpackt)
1 TL Olivenöl
400 ml Gemüsebrühe
(2 TL Instantpulver)
1/4 Beet Kresse
2 EL Magermilchjoghurt
1 TL Zitronensaft
Salz, Pfeffer

1 Zwiebel schälen und mit Rote Beten würfeln. Öl in einem Topf auf mittlerer Stufe erhitzen, Zwiebelwürfel darin ca. 2 Minuten andünsten, Rote-Bete-Würfel dazugeben, mit Brühe ablöschen und mit Deckel ca. 10 Minuten köcheln lassen.

2 Für das Topping Kresse vom Beet schneiden und mit Joghurt, Zitronensaft, Salz und Pfeffer verrühren. Suppe pürieren, abschmecken und mit Joghurttopping servieren.

1 **SmartPoints Wert**   851 kJ | 203 kcal

Wärmender Sauerkrauttopf mit Tatar

Für 4 Personen   Fertig in 30 Min.   Davon aktiv 15 Min.

2 Stangen Lauch
1 Dose Sauerkraut (580 ml)
1 TL Rapsöl
400 g Tatar
1 Lorbeerblatt
700 ml Gemüsebrühe
(3 TL Instantpulver)
Salz, Pfeffer
1 Msp. Kreuzkümmel
1 TL Paprikapulver
1 EL Schmand
1 EL Röstzwiebeln
1 EL gehackte Petersilie

1 Lauch waschen und in Ringe schneiden. Sauerkraut abtropfen lassen. Öl in einem Topf auf hoher Stufe erhitzen und Tatar darin krümelig anbraten. Lauchringe zufügen und 2–3 Minuten mitbraten.

2 Sauerkraut und Lorbeerblatt zufügen, mit Brühe ablöschen, mit Salz, Pfeffer, Kreuzkümmel und Paprikapulver würzen und mit Deckel ca. 15 Minuten köcheln lassen.

3 Lorbeerblatt entfernen. Sauerkrauttopf mit Schmand, Röstzwiebeln und Petersilie garniert servieren.

3 **SmartPoints Wert**   935 kJ | 223 kcal

Kohlrabi-Rucola-Suppe mit Pinienkernen

Für 1 Person   **Fertig in 35 Min.**   **Davon aktiv 15 Min.**

1 großer Kohlrabi (ca. 350 g)
150 g mehligkochende Kartoffeln
1 TL Rapsöl
450 ml Gemüsebrühe
(2 TL Instantpulver)
50 g Rucola
5 Stängel Petersilie
1 EL Pinienkerne
3 TL Crème légère
Salz, Pfeffer
1 TL entrahmte Milch

1 Kohlrabi und Kartoffeln schälen und würfeln. Öl in einem Topf auf mittlerer Stufe erhitzen und Kohlrabi- und Kartoffelwürfel darin ca. 3 Minuten anbraten. Mit Brühe ablöschen und mit Deckel ca. 20 Minuten garen.

2 Rucola und Petersilie waschen und trocken schleudern. Einige Blätter Rucola beiseitelegen und restlichen Rucola mit Petersilie fein hacken. Pinienkerne fettfrei in einer Pfanne auf mittlerer Stufe 2–3 Minuten rösten.

3 Suppe mit 2 TL Crème légère pürieren, gehackten Rucola und Petersilie einrühren und ca. 5 Minuten ziehen lassen. Suppe mit Salz und Pfeffer abschmecken. Restliche Crème légère mit Milch verrühren. Kohlrabi-Rucola-Suppe damit garnieren und mit restlichem Rucola und Pinienkernen bestreut servieren.

7 **SmartPoints Wert**   1549 kJ | 370 kcal

Herzhafte Tomaten-Bacon-Suppe

Für 4 Personen   Fertig in 55 Min.   Davon aktiv 35 Min.

1 Zwiebel
2 Karotten
1 rote Paprika
500 g Tomaten
2 Scheiben Bacon
2 TL Olivenöl
1 EL gehackter Rosmarin
1/4 TL Chiliflocken
1 Knoblauchzehe
400 g passierte Tomaten
(Konserve)
250 ml Wasser
500 ml Hühnerbrühe
(2 TL Instantpulver)
1 Dose schwarze Bohnen
(290 g Abtropfgewicht)
2 Stängel Basilikum
Salz, Pfeffer
4 Scheiben Mehrkornbrot

1 Zwiebel schälen und würfeln. Karotten schälen und in feine Scheiben schneiden. Paprika waschen, entkernen und würfeln. Tomaten waschen und würfeln. Eine Pfanne auf mittlerer Stufe erhitzen und Bacon darin fettfrei ca. 2 Minuten von jeder Seite braten. Bacon ca. 5 Minuten abkühlen lassen und in Streifen schneiden.

2 Öl in einem Topf auf mittlerer Stufe erhitzen und Zwiebelwürfel darin ca. 5 Minuten andünsten. Rosmarin und Chiliflocken dazugeben, Knoblauch dazupressen und ca. 1 Minute mitdünsten. Passierte Tomaten, Karottenscheiben, Paprika-, Tomatenwürfel, Wasser und Brühe dazugeben.

3 Suppe kurz aufkochen lassen, auf niedriger Stufe ca. 20 Minuten köcheln lassen und pürieren. Bohnen abspülen und abtropfen lassen. Basilikum waschen, trocken schütteln und hacken. Bohnen zur Suppe geben, kurz erwärmen und mit Salz und Pfeffer abschmecken. Tomatensuppe mit Bacon und Basilikum bestreuen und mit Mehrkornbrot servieren.

6 **SmartPoints Wert**   881 kJ | 211 kcal

Bacon …

… ist die englische Bezeichnung von Frühstücksspeck. In dünne Scheiben geschnitten und kross gebraten ist Bacon ein unverzichtbarer Bestandteil des klassischen amerikanischen oder englischen Frühstücks. Die herzhaften Scheiben können auch mit Pancakes und Ahornsirup kombiniert werden.

Deftiger Erbseneintopf

Für 4 Personen   Fertig in 1 Std. 50 Min.   Davon aktiv 20 Min.

1 Zwiebel
500 g festkochende Kartoffeln
400 g Karotten
1 Knollensellerie
1 Stange Lauch
1 Stängel Majoran
1 TL Olivenöl
100 g magere Schinkenwürfel
200 g trockene Schälerbsen
1 Liter Gemüsebrühe
(4 1/2 TL Instantpulver)
Salz, Pfeffer

1 Zwiebel mit Kartoffeln, Karotten und Sellerie schälen und würfeln. Lauch waschen und in Ringe schneiden. Majoran waschen, trocken schütteln und hacken.

2 Öl in einem Topf auf mittlerer Stufe erhitzen und Zwiebel- mit Schinkenwürfeln darin ca. 5 Minuten anbraten. Erbsen, Lauchringe, Kartoffel- und Gemüsewürfel zufügen, mit Brühe ablöschen und mit Deckel 80–90 Minuten köcheln lassen.

3 Erbseneintopf mit Salz und Pfeffer abschmecken, mit Majoran verfeinern und servieren.

3 **SmartPoints Wert** 1548 kJ | 370 kcal

Erbsen-Joghurt-Suppe mit Minze

Für 1 Person   Fertig in 20 Min.   Davon aktiv 20 Min.

1 Zwiebel
1 TL Olivenöl
200 g Erbsen (TK)
350 ml Gemüsebrühe
(1 1/2 TL Instantpulver)
1 EL grob gehackte Minze
1 Msp. abgeriebene unbehandelte
Zitronenschale
50 g fettarmer Joghurt
Salz, Pfeffer
1 Scheibe Knäckebrot

1 Zwiebel schälen und in Würfel schneiden. Öl in einem Topf auf mittlerer Stufe erhitzen und Zwiebelwürfel darin 2–3 Minuten andünsten. Erbsen dazugeben, mit Brühe ablöschen und mit Deckel 10–12 Minuten köcheln lassen.

2 Minze und Zitronenschale mit der Hälfte des Joghurts dazugeben und Suppe pürieren. Erbsen-Joghurt-Suppe mit Salz und Pfeffer abschmecken, mit restlichem Joghurt garnieren und mit Knäckebrot servieren.

3 **SmartPoints Wert**   1255 kJ | 300 kcal

Scharfe Karotten-Linsen-Suppe

Für 4 Personen   Fertig in 40 Min.   Davon aktiv 15 Min.

1 Zwiebel
300 g Karotten
1 TL Olivenöl
1 EL Garam Masala
1/4 TL Chilipulver
1/4 TL Kurkuma
75 g trockene rote Linsen
400 g stückige Tomaten
(Konserve)
900 ml Gemüsebrühe
(4 TL Instantpulver)
1 Dose grüne Linsen
(480 g Abtropfgewicht)
6 EL griechischer Joghurt,
bis 0,2 % Fett absolut
3 EL gehackter Koriander

1 Zwiebel mit Karotten schälen und würfeln. Öl in einem Topf auf mittlerer Stufe erhitzen und Zwiebelwürfel darin ca. 3 Minuten anbraten. Karottenwürfel, Garam Masala, Chilipulver und Kurkuma zufügen und ca. 1 Minute mitbraten.

2 Rote Linsen, Tomaten und Brühe dazugeben, kurz aufkochen und auf niedriger Stufe mit Deckel ca. 20 Minuten köcheln lassen. Grüne Linsen abgießen. Suppe pürieren, grüne Linsen zufügen und ca. 2 Minuten erwärmen. Scharfe Karotten-Linsen-Suppe mit Joghurt garnieren und mit Koriander bestreut servieren.

0   SmartPoints Wert   1077 kJ | 257 kcal

Wurzelgemüsesuppe mit orientalischen Kürbiskernen

Für 2 Personen   Fertig in 45 Min.   Davon aktiv 20 Min.

1 Zwiebel
200 g Karotten
150 g Pastinaken
150 g Petersilienwurzeln
1 TL Olivenöl
Salz, Pfeffer
1 TL Paprikapulver
1/2 TL Kreuzkümmel
600 ml Gemüsebrühe
(2 1/2 TL Instantpulver)
2 EL Kürbiskerne
2 TL Tomatenmark
2 EL Wasser
1 TL Zimt
1/2 TL gemahlener Koriander
1 TL Kurkuma
1 EL gehackte Petersilie

1 Zwiebel mit Karotten, Pastinaken und Petersilienwurzeln schälen und würfeln. Öl in einem Topf auf hoher Stufe erhitzen und Gemüsewürfel darin ca. 5 Minuten anbraten. Mit Salz, Pfeffer, Paprikapulver und Kreuzkümmel würzen, mit Brühe ablöschen und ca. 20 Minuten köcheln lassen.

2 Backofen auf 200°C (Gas: Stufe 3, Umluft: 180°C) vorheizen. Kürbiskerne mit Tomatenmark, Wasser, Zimt, Koriander und Kurkuma mischen und auf ein mit Backpapier ausgelegtes Backblech legen. Kürbiskerne im Backofen auf mittlerer Schiene 6–8 Minuten rösten.

3 Suppe pürieren und mit Salz und Pfeffer abschmecken. Wurzelgemüsesuppe mit orientalischen Kürbiskernen und Petersilie garniert servieren.

2 **SmartPoints Wert**   895 kJ | 214 kcal

Grünkern-Chili mit Zander

Für 4 Personen   Fertig in 50 Min.   Davon aktiv 20 Min.

100 g trockener Grünkern
Salz, Pfeffer
1 Zwiebel
1 Dose Kidneybohnen
(255 g Abtropfgewicht)
1 Dose weiße Bohnen
(255 g Abtropfgewicht)
1 unbehandelte Zitrone
4 Zanderfilets (à 120 g)
2 TL Rapsöl
1 Knoblauchzehe
400 g stückige Tomaten
(Konserve)
1 TL geräuchertes Paprikapulver
1 TL Kreuzkümmel
1 TL gehackter Koriander

1 Grünkern nach Packungsanweisung in Salzwasser garen. Zwiebel schälen und in Würfel schneiden. Bohnen abspülen und abtropfen lassen. Zitrone halbieren, eine Zitronenhälfte auspressen, restliche Zitronenhälfte in Spalten schneiden. Zanderfilets abspülen, trocken tupfen, mit 1 EL Zitronensaft beträufeln und salzen.

2 1 TL Öl in einem Topf auf mittlerer Stufe erhitzen und Zwiebelwürfel darin ca. 3 Minuten andünsten. Knoblauch dazupressen, Bohnen und Tomaten zufügen und ca. 10 Minuten köcheln lassen.

3 Grünkern unterrühren und mit Salz, Pfeffer, Paprikapulver und Kreuzkümmel würzen. Restliches Öl in einer Pfanne auf mittlerer bis hoher Stufe erhitzen, Zanderfilets darin 2–3 Minuten von jeder Seite braten und mit Salz und Pfeffer würzen. Grünkern-Chili mit Zander mit Zitronenspalten und Koriander garniert servieren.

3 **SmartPoints Wert**   1578 kJ | 377 kcal

Curry-Gemüse-Suppe mit Kichererbsen

Für 4 Personen   Fertig in 50 Min.   Davon aktiv 35 Min.

1 Zwiebel
500 g Butternutkürbis
1/2 Blumenkohl
1 EL Mandelblättchen
1 TL Olivenöl
2 Knoblauchzehen
1 1/2 EL grüne Curry-Würzpaste
1 Liter Gemüsebrühe
(4 1/2 TL Instantpulver)
1 Dose Kichererbsen
(265 g Abtropfgewicht)
120 g indischer Paneer Käse,
bis 40 % Fett absolut
2 EL gehackter Koriander
2 Naan Brote

1 Zwiebel schälen und würfeln. Kürbis schälen, halbieren, Kerne mit einem Löffel entfernen und Kürbis würfeln. Blumenkohl waschen und in Röschen teilen. Mandelblättchen fettfrei in einer Pfanne auf mittlerer Stufe 2–3 Minuten rösten.

2 Öl in einem Topf auf mittlerer Stufe erhitzen und Zwiebel-würfel darin ca. 5 Minuten dünsten. Knoblauch dazupressen, Currypaste einrühren und ca. 1 Minute mitdünsten.

3 Brühe und Kürbiswürfel zufügen, aufkochen lassen und auf niedriger Stufe mit Deckel ca. 5 Minuten köcheln lassen. Blumenkohlröschen dazugeben und mit Deckel weitere ca. 10 Minuten köcheln lassen.

4 Kichererbsen abspülen und abtropfen lassen. Paneer Käse würfeln, mit Kichererbsen zur Suppe geben und ca. 5 Minuten erwärmen. Naan Brote halbieren. Curry-Gemüse-Suppe mit Mandelblättchen und Koriander bestreuen und mit Naan Brot servieren.

8 **SmartPoints Wert** 1215 kJ | 290 kcal

Indischer Käse

Paneer ist ein indischer Käse und ähnelt in seiner Konsistenz Schafskäse. Beim Kochen zerfällt er jedoch nicht. Er ist in großen oder indischen Supermärkten erhältlich. Wenn du keinen Paneer Käse bekommst, verwende 1 EL griechischen Joghurt, bis 0,2 % Fett, als Topping auf der Suppe. Der SmartPoints Wert reduziert sich auf 5.

Gemüsesuppe mit Röstpaprika

Für 2 Personen   Fertig in 30 Min.   Davon aktiv 15 Min.

1 große Zwiebel
2 Zucchini
2 TL Olivenöl
3 EL Tomatenmark
2 TL Senf
1 EL heller Balsamicoessig
800 ml Gemüsebrühe
(4 TL Instantpulver)
1 TL gehackter Oregano
1 Glas geröstete Paprika in Lake
(400 g Abtropfgewicht)
2 TL gehackter Rosmarin
Salz, Cayennepfeffer
4 Scheiben Baguette

1 Zwiebel schälen, Zucchini waschen und beides würfeln. Öl in einem Topf erhitzen, Zwiebel- und Zucchiniwürfel darin anbraten. Tomatenmark und Senf einrühren, mit Essig und Brühe ablöschen, Oregano zufügen und Suppe ca. 20 Minuten garen.

2 100 g Paprika in feine Streifen schneiden und beiseitestellen. Restliche Paprika grob in Stücke schneiden, ca. 5 Minuten vor Ende der Garzeit zur Suppe geben und erwärmen. Suppe pürieren, Paprikastreifen hinzufügen und darin erwärmen. Röstpaprikasuppe mit Rosmarin verfeinern, mit Salz und Cayennepfeffer abschmecken und mit Baguette servieren.

6 **SmartPoints Wert**   1588 kJ | 380 kcal

Putenhack-Eintopf

Für 4 Personen   Fertig in 55 Min.   Davon aktiv 20 Min.

1 Zwiebel
250 g Süßkartoffeln
2 Knoblauchzehen
2 TL Rapsöl
500 g Putenhackfleisch
Salz, Pfeffer
1 Dose Kidneybohnen
(255 g Abtropfgewicht)
400 g stückige Tomaten
(Konserve)
400 ml Gemüsebrühe
(2 TL Instantpulver)
1 TL Chilipulver
2 große Handvoll Spinat

1 Zwiebel und Süßkartoffeln schälen, mit Knoblauch würfeln. 1 TL Öl in einem Topf erhitzen, Putenhackfleisch darin krümelig anbraten, würzen und herausnehmen.

2 Restliches Öl erhitzen und Gemüsewürfel mit 1–2 EL Wasser mit Deckel ca. 15 Minuten garen. Bohnen abspülen und abtropfen lassen. Eintopf mit Tomaten und Brühe ablöschen, Chilipulver, Putenhackfleisch und Bohnen unterrühren und 15–20 Minuten köcheln lassen. Spinat waschen, trocken schleudern, unterheben und kurz mitgaren. Putenhack-Eintopf servieren.

3 **SmartPoints Wert**   1345 kJ | 321 kcal

Kartoffel-Karotten-Suppe mit Ingwer

Für 1 Person   **Fertig in 30 Min.**   **Davon aktiv 10 Min.**

1 kleine Zwiebel
1 Stück Ingwer (ca. 2 cm)
100 g mehligkochende Kartoffeln
1 Karotte
1 Stängel Petersilie
1 TL Olivenöl
300 ml Gemüsebrühe
(1 1/2 TL Instantpulver)
1/2 TL abgeriebene unbehandelte
Zitronenschale
Salz, Pfeffer

1 Zwiebel schälen und in Würfel schneiden. Ingwer schälen und reiben. Kartoffeln mit Karotte schälen und würfeln. Petersilie waschen, trocken schütteln und hacken.

2 Öl in einem Topf auf mittlerer Stufe erhitzen und Zwiebelwürfel darin 2–3 Minuten andünsten. Ingwer, Karotten- und Kartoffelwürfel dazugeben, kurz mitdünsten, mit Brühe ablöschen und 15–20 Minuten köcheln lassen.

3 Suppe pürieren, mit Zitronenschale verfeinern und mit Salz und Pfeffer abschmecken. Kartoffel-Karotten-Suppe mit Petersilie bestreut servieren.

3 **SmartPoints Wert**   729 kJ | 174 kcal

Mediterraner Eintopf

Für 4 Personen   Fertig in 2 Std.   Davon aktiv 30 Min.

500 g Rindergulasch
1 Fenchelknolle
je 1 rote und gelbe Paprika
1 rote Zwiebel
25 g getrocknete Tomaten
ohne Öl
2 TL Rapsöl
Salz, Pfeffer
1 EL Mehl
2 EL Tomatenmark
2 Knoblauchzehen
1 EL gehackter Oregano
230 g stückige Tomaten
(Konserve)
1 EL Rotweinessig
1 EL Puderzucker
450 ml Rinderbrühe
(2 TL Instantpulver)
12 grüne Oliven, mit Paprikapaste
gefüllt

1 Backofen auf 180°C (Gas: Stufe 2, Umluft: 160°C) vorheizen. Gulasch trocken tupfen und gegebenenfalls kleiner würfeln. Fenchel waschen, halbieren, den Strunk entfernen und Fenchel in Streifen schneiden. Paprika waschen, entkernen und in Stücke schneiden. Zwiebel schälen und würfeln. Getrocknete Tomaten in Streifen schneiden.

2 1 TL Öl in einem Bräter auf hoher Stufe erhitzen, Gulaschwürfel darin ca. 5 Minuten anbraten, mit Salz und Pfeffer würzen und herausnehmen. Restliches Öl im Bratensatz erhitzen und Fenchelstreifen, Paprikastücke und Zwiebelwürfel darin ca. 5 Minuten unter gelegentlichem Rühren anbraten.

3 Mehl und Tomatenmark einrühren, Knoblauch dazupressen, mit Oregano verfeinern und ca. 1 Minuten mitbraten. Mit Tomaten ablöschen und mit Essig und Zucker verfeinern. Gulaschwürfel dazugeben, mit Brühe ablöschen und getrocknete Tomatenstreifen zufügen.

4 Eintopf aufkochen lassen und im Backofen auf mittlerer Schiene ca. 90 Minuten garen. Oliven dazugeben, mit Salz und Pfeffer abschmecken und mediterranen Eintopf servieren.

5 **SmartPoints Wert**   1284 kJ | 307 kcal

Gemüselaksa

Für 4 Personen   **Fertig in 45 Min.**   **Davon aktiv 30 Min.**

125 g trockene Reisnudeln
Salz, Pfeffer
1 Stängel Zitronengras
2 Kaffir-Limettenblätter
700 g Butternutkürbis
1 Aubergine
150 g Zuckererbsenschoten
120 g Mungobohnensprossen
1 rote Chilischote
1 1/2 unbehandelte Limetten
2 EL Laksa-Würzpaste
400 ml fettreduzierte Kokosmilch
500 ml Gemüsebrühe
(2 TL Instantpulver)
250 ml Wasser
1 TL Fischsauce
1 Handvoll gehacktes
Thai-Basilikum
1 Handvoll gehackter Koriander

1 Reisnudeln nach Packungsanweisung in Salzwasser garen. Zitronengras und Limettenblätter waschen, Zitronengras längs halbieren. Kürbis schälen, halbieren, Kerne mit einem Löffel entfernen und würfeln. Aubergine waschen und würfeln. Zuckererbsenschoten waschen und halbieren. Mungobohnensprossen waschen und abtropfen lassen. Chilischote waschen, entkernen und in feine Streifen schneiden. 1/2 Limette auspressen und restliche Limette in Spalten schneiden.

2 Nudeln abgießen und auf 4 Schüsseln verteilen. Einen Topf auf mittlerer Stufe erhitzen und Laksapaste darin ca. 1 Minute andünsten. Mit Kokosmilch, Brühe und Wasser ablöschen, Limettenblätter und Zitronengras zufügen und aufkochen lassen.

3 Kürbis- und Auberginenwürfel zufügen und auf niedriger Stufe mit Deckel ca. 10 Minuten köcheln lassen. Limettenblätter und Zitronengras entfernen und Zuckererbsenschotenhälften, Mungobohnensprossen, Fischsauce und Limettensaft dazugeben. Gemüselaksa über die Nudeln gießen und mit Chilistreifen, Basilikum und Koriander bestreuen. Gemüselaksa mit Limettenspalten garniert servieren.

11 **SmartPoints Wert**   1548 kJ | 370 kcal

Laksa

… ist eine asiatische Suppe mit Reisnudeln, Kokosmilch und Chilischoten, die besonders beliebt in Malaysia und Singapur ist. Laksa-Würzpaste enthält Zitronengras, Ingwer, Chili, Knoblauch, Koriander und Tamarinde, was für den leicht säuerlichen Geschmack sorgt. Ersatzweise kann Curry-Würzpaste verwendet werden.

Nudelsuppe im Glas

Für 1 Person   Fertig in 25 Min.   Davon aktiv 15 Min.

50 g trockene Mie-Nudeln
1 kleine Zucchini
1 kleine Karotte
1/2 rote Paprika
50 g Blattspinat
1 Frühlingszwiebel
75 g küchenfertige Garnelen
1 EL Sojasauce
1/2 EL Hoisin-Sauce
1 1/2 TL Gemüsebrühe-Instantpulver
1 TL Sriracha-Sauce
350 ml kochendes Wasser

1 Nudeln nach Packungsanweisung garen, abgießen, kurz abkühlen lassen und in ein Einmachglas füllen. Zucchini waschen und in dünne Scheiben schneiden. Karotte schälen und raspeln.

2 Paprika in dünne Streifen schneiden. Spinat waschen und trocken schütteln. Frühlingszwiebel waschen und in Ringe schneiden. Garnelen abspülen und trocken tupfen. Gemüse in das Einmachglas geben und Garnelen darauflegen.

3 Sojasauce, Hoisin-Sauce, Brühepulver und Sriracha-Sauce mischen und über die Garnelen träufeln. Glas verschließen und bis zum Verzehr im Kühlschrank aufbewahren. Zum Servieren 350 ml kochendes Wasser ins Glas geben, verschließen, gut durchschütteln und ca. 10 Minuten ziehen lassen.

6 **SmartPoints Wert** 1642 kJ | 392 kcal

Sriracha-Sauce

… **ist eine thailändische scharfe Chilisauce, die häufig als Dip für Meeresfrüchte oder anstelle von Ketchup verwendet wird. Die Sauce wird aus Chilischoten, Essig, Zucker und Salz hergestellt. Ersatzweise kann auch süße Asia-Chilisauce verwendet werden.**

Erdnuss-Kokos-Curry mit feurigen Garnelen

Für 2 Personen   Fertig in 30 Min.   Davon aktiv 15 Min.

2 rote Paprika
150 g Zuckererbsenschoten
2 Frühlingszwiebeln
1 Stück Ingwer (ca. 2 cm)
1 rote Chilischote
1 Knoblauchzehe
300 g küchenfertige Garnelen
1 TL Erdnussöl
Salz, Pfeffer
60 ml fettreduzierte Kokosmilch
250 ml Gemüsebrühe
(1 TL Instantpulver)
1 EL Erdnusscreme
1 TL Zitronensaft

1 Paprika waschen, entkernen und würfeln. Zuckererbsenschoten waschen und halbieren. Frühlingszwiebeln waschen und in Ringe schneiden. Ingwer schälen. Chilischote waschen, entkernen und mit Ingwer fein hacken. Knoblauch pressen.

2 Garnelen abspülen und trocken tupfen. Öl in einer Pfanne auf mittlerer Stufe erhitzen, Garnelen mit Frühlingszwiebelringen, Knoblauch, Ingwer und Chili darin ca. 5 Minuten rundherum braten und mit Salz und Pfeffer würzen. Paprikawürfel und Zuckererbsenschotenhälften dazugeben und ca. 5 Minuten mitbraten.

3 Mit Kokosmilch und Brühe ablöschen und ca. 5 Minuten köcheln lassen. Erdnusscreme einrühren, mit Salz und Pfeffer abschmecken und mit Zitronensaft verfeinern. Erdnuss-Kokos-Curry servieren.

4 **SmartPoints Wert**   1518 kJ | 363 kcal

Blumenkohl-Linsen-Dal

Für 2 Personen   **Fertig in 50 Min.**   **Davon aktiv 20 Min.**

1 Zwiebel
1 Knoblauchzehe
1 Stück Ingwer (ca. 2 cm)
200 g Karotten
300 g Blumenkohl
2 Stängel Koriander
400 ml Wasser
1/2 TL Kurkuma
1/2 TL Kreuzkümmel
1/2 TL braune Senfkörner
100 g trockene rote Linsen
Salz, Pfeffer

1 Zwiebel schälen und würfeln. Knoblauch hacken. Ingwer schälen und reiben. Karotten schälen und in Scheiben schneiden. Blumenkohl waschen und in kleine Röschen teilen. Koriander waschen, trocken schütteln und hacken.

2 Eine Pfanne auf mittlerer bis hoher Stufe erhitzen und Zwiebelwürfel mit Knoblauch und 2 EL Wasser darin 2–3 Minuten andünsten. Ingwer, Kurkuma, Kreuzkümmel und Senfkörner dazugeben und 2–3 Minuten mitdünsten.

3 Linsen und Karottenscheiben dazugeben, mit restlichem Wasser ablöschen, Blumenkohlröschen daraufgeben und mit Deckel ca. 20 Minuten köcheln lassen. Blumenkohl-Linsen-Dal mit Salz und Pfeffer abschmecken, mit Koriander verfeinern und servieren.

0   **SmartPoints Wert**   922 kJ | 237 kcal

Gemüsepuffer mit Schafskäsecreme

Für 4 Personen   **Fertig in 30 Min.**   **Davon aktiv 15 Min.**

300 g festkochende Kartoffeln
4 Karotten
2 Zucchini
4 Stängel Petersilie
2 Eier (Größe M)
50 g Mehl
Salz, Pfeffer
3 TL Olivenöl
80 g Schafskäse,
25 % Fett i. Tr.
3 EL Frischkäse,
bis 5 % Fett absolut

1 Kartoffeln und Karotten schälen, Zucchini waschen und alles grob raspeln. Gemüseraspel in ein Küchentuch geben und Flüssigkeit ausdrücken. Petersilie waschen, trocken schütteln und hacken. Gemüseraspel mit Eiern, Mehl und drei Vierteln der Petersilie vermischen und mit Salz und Pfeffer würzen.

2 Öl portionsweise in einer Pfanne erhitzen und aus der Gemüse-masse darin nacheinander 16 Puffer backen, dabei ca. 5 Minu-ten von jeder Seite braten. Für die Creme Schafskäse zerbröseln und mit Frischkäse, restlicher Petersilie, Salz und Pfeffer ver-rühren. Gemüsepuffer mit Schafskäsecreme servieren.

5 **SmartPoints Wert**   1132 kJ | 271 kcal

Gefülltes Omelette mit Pilzen

Für 1 Person   Fertig in 20 Min.   Davon aktiv 10 Min.

1 kleine Zwiebel
150 g Champignons
100 g Tofu
2 Eier (Größe M)
2 EL kohlensäurehaltiges
Mineralwasser
1 EL Schnittlauchringe
Salz, Pfeffer
2 TL Rapsöl
1 Msp. geriebene Muskatnuss
2 EL Frischkäse,
bis 5 % Fett absolut

1 Zwiebel schälen und würfeln. Champignons trocken abreiben und in Scheiben schneiden. Tofu würfeln. Eier mit Mineralwasser, Schnittlauch, Salz und Pfeffer verquirlen.

2 1 TL Öl in einer Pfanne erhitzen und Zwiebel darin 2–3 Minuten anbraten. Champignons und Tofu 4–5 Minuten mitbraten. Mit Salz, Pfeffer und Muskatnuss würzen, herausnehmen und mit Frischkäse verrühren. Restliches Öl auf hoher Stufe erhitzen, Eimasse dazugeben und mit Deckel ca. 3 Minuten stocken lassen. Champignonmasse auf das Omelette geben, zusammenklappen und servieren.

4   **SmartPoints Wert**   2072 kJ | 495 kcal

Cremige Dinkel-Spinat-Pfanne mit Kabeljau

Für 2 Personen   Fertig in 40 Min.   Davon aktiv 15 Min.

80 g trockener Dinkel
Salz, Pfeffer
1 Zwiebel
2 Kabeljaufilets (à 120 g)
2 TL Olivenöl
500 g Blattspinat (TK)
50 ml trockener Weißwein
50 ml Gemüsebrühe
(1/4 TL Instantpulver)
1 Prise geriebene Muskatnuss
2 EL saure Sahne
1 EL gehackte Petersilie

1 Dinkel nach Packungsanweisung in Salzwasser garen. Zwiebel schälen und in Würfel schneiden. Kabeljaufilets abspülen und trocken tupfen. 1 TL Öl in einer Pfanne auf mittlerer Stufe erhitzen, Kabeljaufilets darin 3–4 Minuten von jeder Seite braten, herausnehmen und warm stellen.

2 Restliches Öl im Bratensatz auf mittlerer Stufe erhitzen, Zwiebelwürfel darin ca. 3 Minuten andünsten, Spinat zufügen, mit Wein und Brühe ablöschen und mit Deckel ca. 10 Minuten köcheln lassen.

3 Dinkel zufügen, mit Salz, Pfeffer und Muskatnuss würzen und mit saurer Sahne und Petersilie verfeinern. Dinkel-Spinat-Pfanne mit Kabeljau servieren.

7 **SmartPoints Wert**   1504 kJ | 359 kcal

Würzige Paprikapfanne mit Lammfilets

Für 2 Personen   **Fertig in 25 Min.**   **Davon aktiv 15 Min.**

1 Zwiebel
2 Zweige Rosmarin
2 Zweige Thymian
2 rote Paprika
4 Lammfilets (à 60 g)
2 TL Olivenöl
1 Knoblauchzehe
200 ml Gemüsebrühe
(1 TL Instantpulver)
Salz, Pfeffer
4 EL Magermilchjoghurt
1/2 TL Zitronensaft
2 Ciabattabrötchen

1 Zwiebel schälen und in Streifen schneiden. Rosmarin und Thymian waschen, trocken schütteln und hacken. Paprika waschen, entkernen und in Würfel schneiden. Lammfilets trocken tupfen.

2 1 TL Öl in einer Pfanne auf hoher Stufe erhitzen, Zwiebelstreifen darin ca. 2 Minuten anbraten, Rosmarin und Paprikawürfel dazugeben, Knoblauch dazupressen und ca. 2 Minuten braten. Mit Brühe ablöschen und ca. 10 Minuten köcheln lassen.

3 Restliches Öl in einer Grillpfanne auf hoher Stufe erhitzen, Lammfilets darin 5–6 Minuten rundherum braten und mit Salz und Pfeffer würzen.

4 Joghurt mit Thymian und Zitronensaft verfeinern und mit Salz und Pfeffer würzen. Paprikapfanne mit Salz und Pfeffer abschmecken, mit Thymianjoghurt, Lammfilets und Ciabattabrötchen servieren.

9 **SmartPoints Wert**   1901 kJ | 454 kcal

Zuckerschotenrisotto mit Erbsen

Für 4 Personen   **Fertig in 40 Min.**   **Davon aktiv 15 Min.**

2 Schalotten
500 g grüner Spargel
150 g Zuckererbsenschoten
2 TL Olivenöl
280 g trockener Risottoreis
1 EL gehackter Thymian
900 ml Gemüsebrühe
(4 TL Instantpulver)
100 g Erbsen (TK)
Salz, Pfeffer
1/2 TL abgeriebene unbehandelte
Zitronenschale

1 Schalotten schälen und fein würfeln. Spargel waschen, das untere Drittel schälen und Spargel in Stücke schneiden. Zuckererbsenschoten waschen und in Streifen schneiden.

2 Öl in einer Pfanne erhitzen und Schalottenwürfel mit Reis und Thymian darin 3–4 Minuten anschwitzen. Mit Brühe ablöschen, bis die Reiskörner knapp bedeckt sind. Unter Rühren regelmäßig Brühe nachgießen und ca. 20 Minuten köcheln lassen. Zuckererbsenschotenstreifen, Erbsen und Spargelstücke dazugeben und ca. 5 Minuten mitgaren. Risotto abschmecken, mit Zitronenschale verfeinern und servieren.

8 **SmartPoints Wert**   1477 kJ | 353 kcal

Gnocchi alla Saltimbocca

Für 1 Person   Fertig in 30 Min.   Davon aktiv 20 Min.

150 g Kalbsschnitzel

2 Scheiben roher Schinken

1 gelbe Paprika

1 rote Zwiebel

1 TL Olivenöl

Salz, Pfeffer

200 g passierte Tomaten
(Konserve)

125 ml Gemüsebrühe
(1/2 TL Instantpulver)

100 g Gnocchi (Frischprodukt)

2–3 Blätter gehackter Salbei

1/2 TL Paprikapulver

1 Schnitzel und Schinken in Streifen schneiden. Paprika waschen, Zwiebel schälen und beides in Streifen schneiden. Öl in einer Pfanne erhitzen, Schinken und Schnitzel darin 4–5 Minuten braten, salzen, pfeffern und herausnehmen. Gemüse im Bratensatz 2–3 Minuten anbraten, mit Tomaten und Brühe ablöschen und ca. 10 Minuten köcheln lassen. Gnocchi nach Packungsanweisung garen und herausheben.

2 Schinken-, Schnitzelstreifen und Salbei zur Sauce geben und erwärmen. Sauce alla Saltimbocca mit Paprikapulver würzen und mit Gnocchi servieren.

10 **SmartPoints Wert**   2336 kJ | 558 kcal

Sobanudelpfanne mit Tofu

Für 2 Personen   Fertig in 30 Min.   Davon aktiv 30 Min.

2 Frühlingszwiebeln
200 g Karotten
300 g Broccoli
100 g Tofu
1 Stück Ingwer (ca. 2 cm)
1 TL Sesamöl
4 EL Sojasauce
2 EL süße Asia-Chilisauce
1 TL Sesam
100 g trockene Sobanudeln
Salz, Pfeffer
1 Msp. Chiliflocken
1 EL gehackter Koriander

1 Frühlingszwiebeln waschen und in Ringe schneiden. Karotten schälen und in feine Stifte schneiden. Broccoli waschen und in Röschen teilen. Tofu würfeln. Ingwer schälen und reiben.

2 Öl in einer Pfanne auf hoher Stufe erhitzen und Tofuwürfel darin ca. 5 Minuten rundherum braten. Mit 2 EL Sojasauce und Asia-Chilisauce ablöschen, mit Sesam bestreuen und herausnehmen.

3 Nudeln nach Packungsanweisung in Salzwasser garen und abgießen, dabei 4 EL Nudelwasser auffangen.

4 Frühlingszwiebelringe, Karottenstifte, Broccoliröschen und Ingwer im Bratensatz ca. 5 Minuten anbraten. Nudeln mit Nudelwasser und restlicher Sojasauce dazugeben und ca. 3 Minuten mitbraten.

5 Sobanudelpfanne mit Salz und Pfeffer abschmecken und mit Chiliflocken und Koriander verfeinern. Tofuwürfel unterheben und Sobanudelpfanne servieren.

7 **SmartPoints Wert**   1670 kJ | 399 kcal

Grünkohlpfanne mit roten Linsen

Für 4 Personen **Fertig in 40 Min.** **Davon aktiv 20 Min.**

2 Karotten
1 Zwiebel
1 kleine rote Peperoni
1 TL Rapsöl
1 Knoblauchzehe
2 TL grüne Curry-Würzpaste
100 g trockene rote Linsen
500 ml Gemüsebrühe
(2 TL Instantpulver)
300 g Grünkohl (TK)
200 ml fettreduzierte Kokosmilch
Salz, Pfeffer
4 TL gehackte Cashewnüsse

1 Karotten schälen und in Streifen schneiden. Zwiebel schälen und in Würfel schneiden. Peperoni waschen, entkernen und in Ringe schneiden. Öl in einer Pfanne auf mittlerer Stufe erhitzen und Karottenstreifen mit Zwiebelwürfeln darin ca. 3 Minuten andünsten. Knoblauch dazupressen.

2 Currypaste und Linsen zufügen, mit Brühe ablöschen und ca. 5 Minuten köcheln lassen. Grünkohl mit Kokosmilch dazugeben und weitere ca. 15 Minuten köcheln lassen. Grünkohlpfanne mit Salz und Pfeffer würzen und mit Peperoniringen und Cashewnüssen bestreut servieren.

5 **SmartPoints Wert** 1009 kJ | 241 kcal

Hähnchen-Spargel-Rouladen auf Gemüsecouscous

Für 2 Personen   Fertig in 50 Min.   Davon aktiv 30 Min.

250 g grüner Spargel
Salz, Pfeffer
1 rote Zwiebel
1 Zucchini
2 Blätter Salbei
2 Hähnchenschnitzel (à 150 g)
2 Scheiben roher Schinken
3 TL Olivenöl
150 ml Gemüsebrühe
(1/2 TL Instantpulver)
100 g trockener Couscous
1/2 unbehandelte Zitrone
2 EL Schmand
1 TL Kreuzkümmel
1 TL gehackter Thymian

1 Spargel waschen und das untere Drittel schälen. 2 Spargelstangen gegebenenfalls halbieren und in Salzwasser 5–8 Minuten vorgaren. Restlichen Spargel in Stücke schneiden. Zwiebel schälen und in Streifen schneiden. Zucchini waschen, längs halbieren und in Scheiben schneiden. Salbeiblätter waschen und trocken schütteln.

2 Spargelstangen abgießen. Hähnchenschnitzel abspülen, trocken tupfen, flacher klopfen, salzen, pfeffern, mit Schinken, Spargelstangen und Salbeiblättern belegen, aufrollen und mit Spießen fixieren.

3 2 TL Öl in einer Pfanne auf mittlerer Stufe erhitzen, Hähnchenrouladen darin 20–25 Minuten rundherum braten und mit Salz und Pfeffer würzen. Restliches Öl in einer Pfanne auf hoher Stufe erhitzen und Zwiebelstreifen, Zucchinischeiben und Spargelstücke darin 3–4 Minuten anbraten. Mit Brühe ablöschen, Couscous dazugeben, Pfanne vom Herd nehmen und mit Deckel ca. 5 Minuten quellen lassen.

4 Für den Dip 1 Msp. Zitronenschale abreiben und Zitronenhälfte auspressen. Schmand mit Zitronenschale und 3 TL Zitronensaft verrühren und mit Salz und Pfeffer abschmecken. Gemüsecouscous mit Kreuzkümmel und Thymian verfeinern und mit Salz und Pfeffer abschmecken. Hähnchen-Spargel-Rouladen mit Gemüsecouscous und Dip servieren.

10 **SmartPoints Wert**   2088 kJ | 499 kcal

Frittata mit buntem Gemüse

Für 4 Personen   Fertig in 30 Min.   Davon aktiv 20 Min.

1 Zwiebel
je 1 rote und grüne Paprika
100 g Baby-Blattspinat
4 EL Mais (Konserve)
8 Eier (Größe M)
2 EL Frischkäse,
bis 5 % Fett absolut
Salz, Pfeffer
1 EL Schnittlauchringe
2 TL Rapsöl
1 Handvoll Rucola

1 Backofen auf 200°C (Gas: Stufe 3, Umluft: 180°C) vorheizen. Zwiebel würfeln. Paprika in Streifen schneiden. Baby-Blattspinat waschen und trocken schleudern. Mais abtropfen lassen.

2 Eier mit Frischkäse, Salz, Pfeffer und Schnittlauch verquirlen. Öl in einer großen, backofenfesten Pfanne erhitzen, Zwiebelwürfel mit Paprikastreifen darin anbraten. Spinat zufügen und zusammenfallen lassen. Mais dazugeben und würzen. Eierguss über das Gemüse geben und im Backofen auf mittlerer Schiene ca. 10 Minuten stocken lassen. Rucola waschen und trocken schleudern. Frittata mit Rucola garniert servieren.

1 **SmartPoints Wert**   1167 kJ | 279 kcal

Gebratene Quinoa mit Lammfilet

Für 1 Person　**Fertig in 30 Min.**　**Davon aktiv 15 Min.**

1 Stange Lauch
1 kleine Zwiebel
1 rote Paprika
1 Stück Ingwer (ca. 1 cm)
2 Lammfilets (à 60 g)
60 g trockene bunte Quinoa
Salz, Pfeffer
1 TL Olivenöl
1/2 TL gemahlener Koriander
1/2 TL Kreuzkümmel
2 TL Limettensaft

1 Lauch in Ringe schneiden. Zwiebel schälen und mit Paprika würfeln. Ingwer schälen und fein hacken. Lammfilets trocken tupfen. Quinoa nach Packungsanweisung in Salzwasser garen. Öl in einer Pfanne erhitzen, Lammfilets darin ca. 5 Minuten von jeder Seite braten und mit Salz und Pfeffer würzen. Lammfilets herausnehmen und in Streifen schneiden.

2 Lauchringe mit Ingwer, Zwiebel- und Paprikawürfeln im Bratensatz ca. 5 Minuten anbraten, Quinoa hinzufügen und weitere ca. 5 Minuten mitbraten. Lammfiletstreifen dazugeben. Mit Koriander, Kreuzkümmel und Limettensaft verfeinern und servieren.

9 **SmartPoints Wert** 2269 kJ | 542 kcal

Indische Gemüsepfanne mit Zitrone

Für 4 Personen   **Fertig in 30 Min.**   **Davon aktiv 25 Min.**

160 g trockener Naturreis
Salz, Pfeffer
600 g Blumenkohl
1 rote Zwiebel
60 ml Wasser
1 1/2 EL Rapsöl
1 EL Senfkörner
6 Curryblätter
1 TL Chiliflocken
2 TL Kreuzkümmelsamen
1 Dose Kichererbsen
(265 g Abtropfgewicht)
1 1/2 TL Kurkuma
250 g grüne Bohnen
2 unbehandelte Zitronen
200 g indischer Paneer Käse,
bis 40 % Fett absolut

1 Reis nach Packungsanweisung in Salzwasser garen. Blumenkohl waschen und in Röschen teilen. Zwiebel schälen und in Streifen schneiden. Einen Wok oder eine große Pfanne auf hoher Stufe erhitzen, Blumenkohlröschen in Wasser darin mit Deckel 3–4 Minuten garen. Blumenkohlröschen herausnehmen und beiseitestellen.

2 1 EL Öl im Bratensatz erhitzen und Senfkörner darin ca. 1 Minute anbraten. Zwiebelstreifen, Curryblätter, Chiliflocken und Kreuzkümmelsamen zufügen und ca. 5 Minuten mitbraten. Kichererbsen abspülen, abtropfen lassen und mit Blumenkohlröschen in den Wok geben. Mit Kurkuma verfeinern und ca. 5 Minuten weiterbraten.

3 Bohnen waschen und halbieren. Zitronen waschen, 1 Zitrone auspressen und restliche Zitrone in Spalten schneiden. Bohnen und 2 1/2 EL Zitronensaft zum Gemüse geben und mit Salz und Pfeffer abschmecken. Gemüse weitere ca. 3 Minuten braten.

4 Paneer Käse würfeln. Restliches Öl in einer Pfanne auf mittlerer Stufe erhitzen, Käse darin 3–4 Minuten braten, mit Pfeffer würzen und mit restlichem Zitronensaft beträufeln. Indische Gemüsepfanne mit Zitronenspalten und Reis servieren.

11 **SmartPoints Wert**   1485 kJ | 355 kcal

Grünkohl mit Pilzen auf Käsepolenta

Für 2 Personen   Fertig in 25 Min.   Davon aktiv 20 Min.

150 g Grünkohl
(ersatzweise Spitzkohl)
200 g braune Champignons
1 EL Olivenöl
2 Knoblauchzehen
Salz, Pfeffer
75 g trockene Polenta (Maisgrieß)
25 g Halbfettmargarine
50 g geriebener Parmesan

1 Kohl waschen, trocken schleudern und grob zerkleinern. Champignons trocken abreiben und halbieren. Öl in einer Pfanne auf mittlerer Stufe erhitzen und Kohl darin ca. 2 Minuten dünsten. Knoblauch dazupressen, Champignonhälften unterrühren, mit Salz und Pfeffer würzen und ca. 5 Minuten garen.

2 Polenta nach Packungsanweisung in Salzwasser garen. Margarine und 40 g Parmesan dazugeben und kräftig mit Salz und Pfeffer würzen. Grünkohl mit Pilzen auf Käsepolenta mit restlichem Parmesan bestreut servieren.

12 **SmartPoints Wert**   1610 kJ | 385 kcal

Schinken-Erbsen-Kroketten

Für 4 Personen   Fertig in 30 Min.   Davon aktiv 15 Min.

1 Bund Frühlingszwiebeln
600 g mehligkochende Kartoffeln
Salz, Pfeffer
1 EL körniger Senf
2 TL Rapsöl
100 g magere Schinkenwürfel
100 g Erbsen (TK)
1 Eiklar (Größe M)
60 g Paniermehl
4 EL Mixed Pickles

1 Frühlingszwiebeln in Streifen schneiden. Kartoffeln schälen, in Stücke schneiden und in Salzwasser ca. 15 Minuten garen. Abgießen, zerstampfen und mit Senf vermischen. 1 TL Öl in einer Pfanne erhitzen und Frühlingszwiebeln darin 2–3 Minuten andünsten. Mit Schinken und Erbsen unter die Kartoffelmasse rühren und würzen.

2 8 Kroketten formen. Eiklar verquirlen. Kroketten erst in Eiklar, dann in Paniermehl wenden. Restliches Öl in einer Pfanne auf niedriger Stufe erhitzen, Kroketten ca. 5 Minuten braten und mit Mixed Pickles servieren.

6 SmartPoints Wert   1040 kJ | 249 kcal

Pasta mit Wirsing und Speck

Für 4 Personen   Fertig in 35 Min.   Davon aktiv 30 Min.

1 Zwiebel
3 Knoblauchzehen
1 Wirsing
200 g Spinat
240 g trockene Vollkornspaghetti
Salz, Pfeffer
1 TL Rapsöl
200 g Frühstücksspeck
150 ml Gemüsebrühe
(1/2 TL Instantpulver)
4 EL griechischer Joghurt,
bis 0,2 % Fett absolut

1 Zwiebel und Knoblauch schälen und in dünne Streifen schneiden. Wirsing putzen, vierteln, den Strunk entfernen und Wirsing in feine Streifen schneiden. Spinat waschen und trocken schleudern. Nudeln nach Packungsanweisung in Salzwasser garen.

2 Öl in einer großen Pfanne auf mittlerer Stufe erhitzen. Speck in kleine Stücke schneiden, ca. 5 Minuten knusprig braten und herausnehmen. Zwiebelstreifen im Bratensatz ca. 5 Minuten anbraten, Knoblauch- und Wirsingstreifen dazugeben und weitere ca. 3 Minuten braten. Mit Brühe ablöschen und ca. 2 Minuten köcheln.

3 Nudeln abgießen, dabei 50 ml von der Kochflüssigkeit auffangen. Spinat mit Speck unter die Wirsingmischung rühren und Spinat zusammenfallen lassen. Joghurt und Kochwasser dazugeben, Spaghetti unterrühren und mit Salz und Pfeffer abschmecken. Pasta mit Wirsing und Speck servieren.

11 **SmartPoints Wert**   1958 kJ | 468 kcal

Polentaschnitten mit Zuckerschoten-Hähnchen-Ragout

Für 2 Personen   Fertig in 40 Min.   Davon aktiv 35 Min.

100 g trockene Polenta (Maisgrieß)
700 ml Gemüsebrühe (3 TL Instantpulver)
500 g Zuckererbsenschoten
2 Zwiebeln
400 g Hähnchenbrustfilet
1 TL Rapsöl
Salz, Pfeffer
3 EL geriebener Parmesan
1 TL gehackter Thymian
1 TL gehackter Oregano
1 EL Crème légère
1 TL Speisestärke
2 EL Wasser

1 Polenta in einem Topf mit 600 ml Brühe auf mittlerer Stufe unter ständigem Rühren ca. 20 Minuten garen. Zuckererbsenschoten waschen. Zwiebeln schälen und in Streifen schneiden. Hähnchenbrustfilet abspülen, trocken tupfen und in Würfel schneiden.

2 Backofen auf 220°C (Gas: Stufe 4, Umluft: 200°C) vorheizen. Öl in einer Pfanne auf mittlerer bis hoher Stufe erhitzen, Hähnchenbrustwürfel darin 4–5 Minuten rundherum anbraten und mit Salz und Pfeffer würzen. Zuckererbsenschoten und Zwiebelstreifen dazugeben, kurz mitbraten, mit restlicher Brühe ablöschen und ca. 10 Minuten köcheln lassen.

3 Polenta mit Parmesan und Thymian verfeinern, mit Salz und Pfeffer abschmecken, in einer Auflaufform (ca. 20 x 20 cm) verstreichen und im Backofen auf oberster Schiene 5–7 Minuten gratinieren.

4 Hähnchenragout mit Salz und Pfeffer würzen und mit Oregano und Crème légère verfeinern. Stärke mit Wasser anrühren, zum Ragout geben und kurz aufkochen. Polenta in Stücke schneiden und mit Zuckerschoten-Hähnchen-Ragout servieren.

9 **SmartPoints Wert**   2801 kJ | 669 kcal

Indisches Hähnchen mit gebratenem Broccolireis

Für 4 Personen   Fertig in 30 Min.   Davon aktiv 25 Min.

150 g trockener Basmatireis
Salz, Pfeffer
1 rote Zwiebel
2 Karotten
300 g Broccoli
1 Stück Ingwer (ca. 2 cm)
2 Knoblauchzehen
1 EL Olivenöl
500 g Geflügelhackfleisch
(aus Geflügelbrustfilet)
1 EL gelbe Curry-Würzpaste
120 g Erbsen (TK)
60 ml Wasser
2 TL Limettensaft
1 EL Sojasauce
1 Handvoll gehackter Koriander
15 g Cashewnüsse

1 Reis nach Packungsanweisung in Salzwasser garen. Zwiebel mit Karotten schälen und würfeln. Broccoli waschen und in Röschen teilen. Ingwer schälen und mit Knoblauch hacken. 2 TL Öl in einem Wok auf hoher Stufe erhitzen, Hackfleisch darin krümelig anbraten und herausnehmen.

2 Restliches Öl im Bratensatz auf mittlerer Stufe erhitzen und Zwiebelwürfel darin 2–3 Minuten anbraten. Knoblauch, Ingwer und Currypaste zufügen und ca. 1 Minute mitbraten. Karottenwürfel, Broccoliröschen, Erbsen und Wasser zufügen und ca. 2 Minuten mitbraten.

3 Reis mit Hackfleisch in den Wok geben. Mit Limettensaft und Sojasauce verfeinern und weitere ca. 2 Minuten braten. Indisches Hähnchen mit Koriander und Cashewnüssen bestreuen und servieren.

6 **SmartPoints Wert**   1628 kJ | 389 kcal

SmartPoints Register

		🥕	🌱	🌾	🍼	⊘	❄	Seite
0	Blumenkohl-Linsen-Dal	●	●	●	●	●	●	134
	Pancakemuffins mit Banane	●				●		71
	Scharfe Karotten-Linsen-Suppe	●				●		115
	Zitronige Linsensuppe mit Koriander	●				●	●	100
1	Frittata mit buntem Gemüse	●				●		150
	Fruchtiger Curry-Belugalinsen-Salat	●	●	●	●	●		43
	Heidelbeer-Eis-Lollies	●		●		●	●	78
	Rote-Bete-Suppe mit Joghurttopping	●				●		105
	Vegane Pastinakensuppe mit Granatapfelkernen	●	●			●		93
2	Kohlrabi-Paprika-Salat mit Petersiliendressing					●		30
	Saftiges Dinkelbrot mit Kräuter-Quark-Dip	●				●	●	58
	Spitzkohlsalat mit Putenspießen und Joghurtdressing			●		●		19
	Wurzelgemüsesuppe mit orientalischen Kürbiskernen	●	●			●	●	116
3	Deftiger Erbseneintopf					●	●	112
	Erbsen-Joghurt-Suppe mit Minze	●				●		113
	Grünkern-Chili mit Zander				●	●		119
	Kartoffel-Karotten-Suppe mit Ingwer	●	●			●	●	125
	Knäckebrot mit Tomaten-Gewürz-Butter	●				●		51
	Knusper-Obstsalat mit Granatapfelkernen	●	●	●	●			16
	Putenhack-Eintopf					●	●	123
	Vanillepudding mit Heidelbeeren	●				●		86
	Wärmender Sauerkrauttopf mit Tatar					●	●	106
	Würzige Kürbissuppe	●	●			●		103
4	Asia-Salat mit Hähnchenstreifen				●			36
	Beerenjoghurt mit Granola	●				●		81

	🥕	🌱	🌾	🚫🍼	🚫🌾	❄️	Seite
4 Bento Box mit Lachs-Omelette-Röllchen			•				44
Eiersalat mit grünen Bohnen	•				•		35
Erdnuss-Kokos-Curry mit feurigen Garnelen							133
Geflügel-Schichtsalat					•		10
Gefülltes Omelette mit Pilzen	•				•		137
Hühner-Nudel-Suppe					•	•	92
Roggenbrot mit Schinken-Gurken-Hüttenkäse					•		67
5 Eichblattsalat mit Heidelbeeren und Mozzarella					•		20
Gemüsepuffer mit Schafskäsecreme	•				•		136
Grünkohlpfanne mit roten Linsen	•	•				•	146
Lachstoasts mit Meerrettichcreme					•		61
Mediterraner Eintopf					•	•	126
Milchreis mit Erdbeerspiegel	•				•		79
Paprikarührei mit Pumpernickel	•				•		47
Spiegeleischnitte	•				•		63
6 Blumenkohl-Broccoli-Salat			•	•	•		34
Ciabatta mit Lachsschinkenrollen					•		53
Erdbeer-Spargel-Salat mit gebackenen Ziegenkäsetalern	•				•		40
Filoschnecken mit Ricotta-Kirsch-Füllung	•				•		75
Gemüsesuppe mit Röstpaprika	•	•			•		122
Herzhafte Tomaten-Bacon-Suppe					•	•	110
Indisches Hähnchen mit gebratenem Broccolireis							161
Kartoffel-Linsen-Eintopf mit Würstchen					•		90
Käse-Pesto-Sandwich mit Tomaten	•				•		62
Limettenhähnchen mit Paprika-Bulgur-Salat				•	•		29
Nudelsalat mit Thunfisch und Joghurtdressing					•		13
Nudelsuppe im Glas					•		130

SmartPoints Register

		🥕	🌱	🌾	🥛	🍚	❄️	Seite
6	Rhabarber-Apfel-Crumble	●				●	●	82
	Schinken-Erbsen-Kroketten				●	●		155
	Steak-Avocado-Salat			●	●	●		26
7	Cremige Dinkel-Spinat-Pfanne mit Kabeljau					●		139
	Erdbeer-Chia-Marmelade auf Brioche	●				●		54
	Geflügelsandwich mit mediterranem Aufstrich					●		57
	Glasnudelsalat mit Limettendressing					●		24
	Kartoffel-Fenchel-Eintopf mit Schinken					●	●	104
	Kohlrabi-Rucola-Suppe mit Pinienkernen	●				●	●	109
	Roastbeefbrötchen mit Kresse					●		52
	Sobanudelpfanne mit Tofu	●	●		●	●	●	145
8	Curry-Gemüse-Suppe mit Kichererbsen	●					●	120
	Kartoffel-Lauch-Suppe mit Wacholderschinken					●	●	99
	Kartoffelsalat mit Tofu-Gemüse-Frikadellen	●				●		14
	Orientalischer Curry-Bulgursalat	●				●		33
	Schneller Borschtsch mit Lammfilet					●	●	96
	Süßer Feigencouscous mit Mandelkrokant	●	●		●			85
	Wraps mit Schafskäse-Rucola-Creme	●				●		48
	Zuckerschotenrisotto mit Erbsen	●	●			●	●	142
9	Bulgursalat mit Schafskäse	●				●		25
	Gebratene Quinoa mit Lammfilet			●	●	●		151
	Haselnuss-Kakao-Aufstrich mit Brioche	●						64
	Ofenkartoffel-Schinken-Salat mit Tomaten					●		23
	Orientalischer Quinoasalat	●	●	●	●	●		17
	Polentaschnitten mit Zuckerschoten-Hähnchen-Ragout					●		158
	Würzige Paprikapfanne mit Lammfilets					●		140

❄️ einfrieren

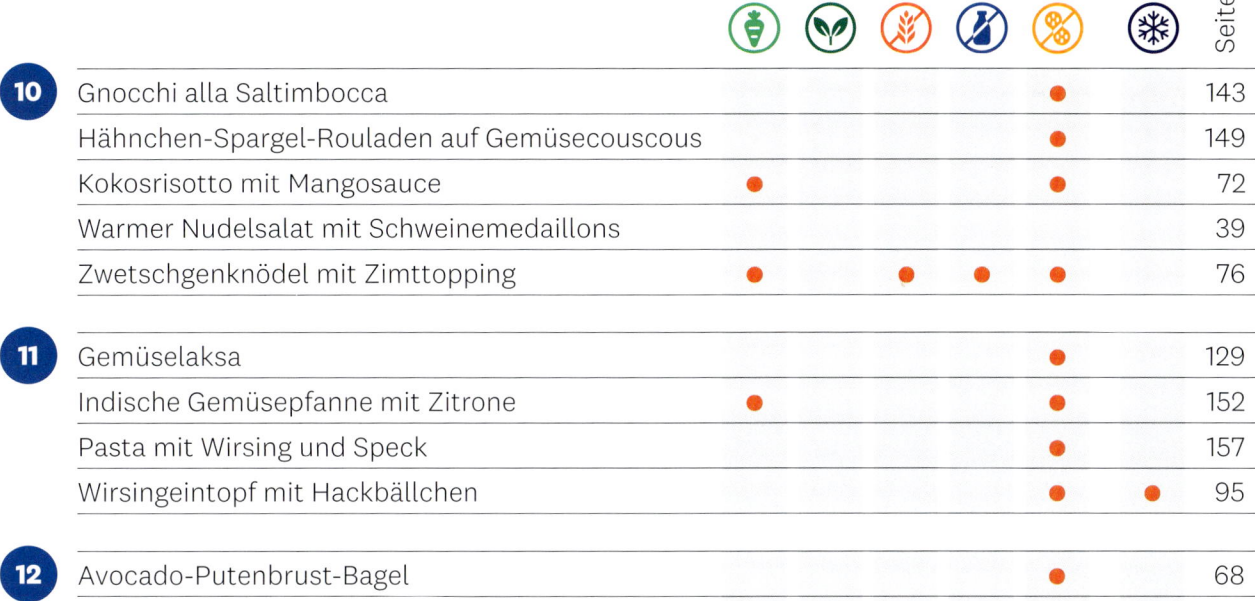

		vegetarisch	vegan	glutenfrei	laktosefrei	nussfrei	tiefkühlgeeignet	Seite
10	Gnocchi alla Saltimbocca					●		143
	Hähnchen-Spargel-Rouladen auf Gemüsecouscous					●		149
	Kokosrisotto mit Mangosauce	●				●		72
	Warmer Nudelsalat mit Schweinemedaillons							39
	Zwetschgenknödel mit Zimttopping	●		●	●	●		76
11	Gemüselaksa					●		129
	Indische Gemüsepfanne mit Zitrone	●				●		152
	Pasta mit Wirsing und Speck					●		157
	Wirsingeintopf mit Hackbällchen					●	●	95
12	Avocado-Putenbrust-Bagel					●		68
	Grünkohl mit Pilzen auf Käsepolenta					●		154

Die Kennzeichnung wie zum Beispiel „vegetarisch", „vegan", „gluten-", „laktose-" oder „nussfrei" bei den Rezepten ist rein informativ und nicht verbindlich. Es liegt in der persönlichen Verantwortung zu prüfen, ob die verwendeten Lebensmittel die Anforderungen erfüllen.

Alphabetisches Register

Impressum

Redaktion
WW Deutschland
Claudia Braun, Iris Hermann, Claudia Thienel

Rezepte & Realisierung
Food Professionals Köhnen GmbH, Sprockhövel
Silke Höpker, Ingrid Schmand, Dennis Webers

Fotografie
Michael Bernhardi, Florian Bonanni, Carsten
Eichner, Jan Jankovic, Tobias Pankrath, Dirk
Przibylla, Hubertus Schüler, WW International

Foodstyling
Myriam Banderob, Daniel Blodau, Ingo Breuer,
Marc Fleischer, Sylvia Hartmann, Maren Jahnke,
Thomas Lauterbach, Stefan Mungenast,
Alexander Rauter, Anne Rogge, Jörg Schmitz,
WW International, Katharina Wetjen

Bildnachweise
WW International, Getty Images S. 6, Rückseite

Gestaltungskonzept & Grafik
Niehaus Knüwer and friends GmbH Werbeagentur,
Düsseldorf
Food Professionals Köhnen GmbH, Sprockhövel

Druck
paffrath print & medien GmbH, Remscheid

WW (Deutschland) GmbH
www.ww.de
Info-Hotline 0211 - 3805 3813
ISBN 978-3-9819029-6-9

1. Auflage 2018
WW Coin Logo, SmartPoints, Points, ZeroPoint und
WW Healthy Kitchen sind eingetragene Marken von
WW International, Inc.

PEFC zertifiziert. Dieses Papier stammt aus nachhaltig bewirtschafteten Wäldern und kontrollierten Quellen. www.pefc.de